国家自然科学基金青年项目（NO.71602161）
教育部人文社会科学基金青年项目（NO.14YJC630086）
教育部人文社会科学重点研究基地——西北大学中国西部经济发展研究中心
西北大学双一流建设项目

西北大学经济管理学院博士文库

FAN-BRAND RELATIONSHIP:
CONCEPTS, ANTECEDENTS AND CONSEQUENCES

粉丝—品牌关系研究：概念、前因与后果

结合不同情境和理论视角探讨粉丝—品牌关系的内涵、前因和后果，为企业在粉丝经济时代开展粉丝营销提供策略建议。

刘　伟◎著

中国经济出版社
CHINA ECONOMIC PUBLISHING HOUSE
北　京

图书在版编目（CIP）数据

粉丝—品牌关系研究：概念、前因与后果/刘伟著. --北京：中国经济出版社，2019. 1

ISBN 978-7-5136-5534-7

Ⅰ. ①粉… Ⅱ. ①刘… Ⅲ. ①网络经济-研究 Ⅳ. ①F49

中国版本图书馆 CIP 数据核字（2019）第 016573 号

责任编辑　贺　静
责任印制　巢新强
封面设计　华子设计

出版发行　中国经济出版社
印 刷 者　北京九州迅驰传媒文化有限公司印刷
经 销 者　各地新华书店
开　　本　710mm×1000mm　1/16
印　　张　9. 25
字　　数　147 千字
版　　次　2019 年 1 月第 1 版
印　　次　2019 年 1 月第 1 次
定　　价　58. 00 元
广告经营许可证　京西工商广字第 8179 号

中国经济出版社 **网址** www. economyph. com **社址** 北京市西城区百万庄北街 3 号 **邮编** 100037
本版图书如存在印装质量问题，请与本社发行中心联系调换（联系电话：010-68330607）

前 言

随着移动互联网和社交媒体的普及，一些消费品品牌（如苹果、哈雷）、奢侈品品牌（如路易威登、香奈儿、古驰）、文化产品（如哈利波特系列小说）、体育俱乐部和名人等都拥有了许多忠实粉丝。粉丝被视为消费主义文化的典型代表，他们的出现深刻地改变了品牌塑造方式，消费者品牌关系也呈现出了新的内涵和特点。最新研究显示，忠实的粉丝们会对品牌感受到一种神圣感，体育粉丝在一些体育项目中也会感知到神圣感，而且在社交媒体情境下粉丝与品牌保持着一种契合状态。那么，粉丝与品牌之间的关系性质和特征究竟是什么？是否在不同的具体情境下会呈现出不同的特征？这种关系又是如何形成的？有哪些影响因素？再者，这种特殊的关系又会产生什么样的行为后果呢？这些正是本书所要探讨的理论问题。

在梳理和综述粉丝消费行为理论和消费者文化理论的基础上，本书结合了不同情境和理论视角来研究粉丝与品牌之间的关系性质、特征、前置因素和作用结果。针对忠实粉丝与品牌的关系、体育粉丝与体育品牌的关系以及社交媒体粉丝与品牌的关系，分别研究了品牌崇拜的概念和维度、粉丝神圣感的形成和作用结果以及在线品牌契合的前因后果。本书的研究思路和框架安排如下：

第 1 章是绪论。详细阐述了本书的研究背景、研究意义、研究内容和框架以及研究方法等，是对全书的引导性介绍。

第 2 章是粉丝消费行为理论综述。详细梳理了国外学者关于粉丝的定义、分类、消费行为、文化和心理特征等研究成果，为本书后续章节研究粉丝与品牌之间的关系奠定了理论基础。

第 3 章是消费者文化理论综述。在回顾消费者文化理论历史渊源的基础上，系统梳理了消费者文化理论的哲学基础、研究内容和研究方法，为本书后续章节研究粉丝和品牌的关系奠定了研究方法基础。

第 4 章是品牌崇拜的概念和维度研究。以苹果品牌的忠实粉丝为研究对象，通过网络志方法收集其网络粉丝社群的网帖作为质性数据，采用心理学中的崇拜性维度理论对数据进行分析和解释，从而界定品牌崇拜的概念和维度。

第 5 章是粉丝神圣感的形成和作用结果研究。基于心理学中的神圣化理论，引入粉丝神圣感这一中介变量和粉丝精神性这一调节变量，旨在从粉丝神圣感的新视角来构建体育粉丝持久参与的形成机制模型。

第 6 章是在线品牌契合的前因后果研究。基于感知互动和类社会互动的双重视角，研究了在线品牌契合的前置因素和影响后果，从互动的角度出发构建出在线品牌契合的前因后果模型。

第 7 章是结论与讨论。全面总结了全书各章节的具体研究结论、理论贡献和实践启示，也探讨了每部分研究的局限性和未来研究展望。

本书的相关研究综合运用了质性和量化研究方法，具体包括文献研究法、网络志、解释学、问卷调查法等研究方法，也包括描述性统计、信度和效度检验、验证性因子分析、结构方程模型、路径分析、中介效应和调节效应的 bootstrap 检验等一般统计分析方法。

研究结果表明，品牌崇拜是相对少数极度热诚的忠实粉丝对某个品牌所形成的精神和情感依恋状态，它包括品牌信念、品牌崇敬感和品牌热诚三个维度；流体验和交融感对于体育粉丝的持久参与具有显著的正向影响，而且粉丝神圣感和精神性在这一过程中分别发挥着中介和调节的作用；感知互动和类社会互动对粉丝的在线品牌契合的认知、情感、行为维度都具有显著的正向影响，而且其情感和行为维度对品牌忠诚和网络口碑具有显著的正向影响。这些研究结论在不同情境下界定了粉丝和品牌之间的关系性质和特征，也基于不同的理论视角揭示了粉丝与品牌关系的具体形成过程和作用结果，一方面，从粉丝的角度出发对以往的消费者品牌关系理论有所深化和拓展；另一方面，也能为我国企业在粉丝经济时代开展粉丝营销、为品牌吸引更多的粉丝提供有价值的策略建议。

CONTENTS 目 录

1 绪 论 …… 001
1.1 研究背景和研究意义 …… 001
1.2 研究内容和框架 …… 003
1.3 研究方法 …… 004

2 粉丝消费行为理论综述 …… 006
2.1 粉丝的概念界定 …… 006
2.1.1 粉丝的定义 …… 006
2.1.2 粉丝概念的独特性 …… 007
2.1.3 粉丝的分类 …… 008
2.2 粉丝的超常消费行为 …… 008
2.2.1 狂热消费行为 …… 008
2.2.2 消费者热诚 …… 009
2.2.3 理性上瘾 …… 010
2.3 粉丝文化及其特性 …… 011
2.3.1 参与性 …… 011
2.3.2 崇拜性 …… 011
2.3.3 社交性 …… 012
2.3.4 污名身份 …… 012
2.4 粉丝的心理特征 …… 013
2.4.1 粉丝的心理动机 …… 013
2.4.2 粉丝的个性特征 …… 014
2.5 启示与未来研究展望 …… 014

3 消费者文化理论综述 …… 017
3.1 消费者文化理论的历史渊源 …… 018

3.1.1 兴起阶段 …… 018
3.1.2 融入阶段 …… 019
3.1.3 形成阶段 …… 020
3.2 消费者文化理论的哲学基础 …… 021
3.2.1 实证主义的局限性 …… 021
3.2.2 诠释主义的观点 …… 022
3.2.3 诠释主义与实证主义的哲学假设对比 …… 023
3.3 消费者文化理论的研究内容 …… 024
3.3.1 研究属性 …… 025
3.3.2 主题内容 …… 026
3.4 消费者文化理论的研究方法 …… 027
3.4.1 研究设计 …… 027
3.4.2 主要数据收集方式 …… 028
3.4.3 数据分析与阐释 …… 028
3.4.4 评价标准 …… 029
3.5 启示与未来研究方向 …… 030
3.5.1 倡导多样化的消费者研究 …… 030
3.5.2 构建本土消费者文化理论 …… 031
3.5.3 我国值得挖掘的消费者文化研究方向 …… 031

4 品牌崇拜的概念和维度研究 …… 032
4.1 问题的提出 …… 032
4.2 文献综述 …… 033
4.2.1 消费者—品牌关系理论 …… 034
4.2.2 品牌的神圣化 …… 040
4.2.3 品牌崇拜 …… 045
4.3 研究设计 …… 046
4.3.1 研究对象与数据收集 …… 046
4.3.2 数据分析与解释 …… 047
4.3.3 效度和可信性 …… 048
4.4 理论建构 …… 049
4.4.1 品牌信念 …… 049
4.4.2 品牌崇敬感 …… 055

4.4.3 品牌热诚 …… 060
4.5 小结 …… 065

5 粉丝神圣感的形成和作用结果研究 …… 067
5.1 问题的提出 …… 067
5.2 文献综述与研究假设 …… 068
5.2.1 持久参与的概念及其前置因素 …… 068
5.2.2 流体验对持久参与的影响 …… 068
5.2.3 交融感对持久参与的影响 …… 069
5.2.4 粉丝神圣感及其中介效应 …… 069
5.2.5 粉丝精神性及其调节效应 …… 071
5.3 研究设计 …… 072
5.3.1 研究对象和数据收集 …… 072
5.3.2 变量测量 …… 073
5.4 数据分析与假设检验 …… 073
5.4.1 量表的信度和效度检验 …… 073
5.4.2 变量间的描述性统计 …… 076
5.4.3 假设检验 …… 076
5.5 小结 …… 080

6 在线品牌契合的前因后果研究 …… 081
6.1 问题的提出 …… 081
6.2 文献综述 …… 082
6.2.1 品牌契合的跨学科理论背景 …… 083
6.2.2 品牌契合的定义与测量 …… 085
6.2.3 品牌契合的前因和后果研究 …… 089
6.3 研究假设 …… 094
6.3.1 感知互动与在线品牌契合 …… 094
6.3.2 类社会互动与在线品牌契合 …… 094
6.3.3 在线品牌契合与品牌忠诚 …… 095
6.3.4 在线品牌契合与网络口碑 …… 096

6.4 研究设计…………………………………………………… 096
6.4.1 变量测量 ………………………………………………… 096
6.4.2 数据收集与样本特征 …………………………………… 097
6.5 数据分析与假设检验……………………………………… 097
6.5.1 量表的信度与效度分析 ………………………………… 097
6.5.2 共同方法偏差检验 ……………………………………… 100
6.5.3 假设检验 ………………………………………………… 100
6.6 小结………………………………………………………… 102

7 结论与讨论 ……………………………………………………… 103
7.1 关于品牌崇拜的研究结论和讨论………………………… 103
7.1.1 研究结论和理论贡献 …………………………………… 103
7.1.2 实践启示 ………………………………………………… 105
7.1.3 研究局限和未来展望 …………………………………… 105
7.2 关于粉丝神圣感的研究结论和讨论……………………… 106
7.2.1 研究结论和理论贡献 …………………………………… 106
7.2.2 实践启示 ………………………………………………… 107
7.2.3 研究局限和未来展望 …………………………………… 108
7.3 关于在线品牌契合的研究结论和讨论…………………… 108
7.3.1 研究结论和理论贡献 …………………………………… 108
7.3.2 实践启示 ………………………………………………… 109
7.3.3 研究局限和未来展望 …………………………………… 110

附　录 ……………………………………………………………… 113
参考文献 …………………………………………………………… 121
重要术语索引表 …………………………………………………… 135
后　记 ……………………………………………………………… 137

1 绪 论

本章主要阐述本书的研究背景、研究意义、研究内容和框架以及研究方法等，是对全书的引导性介绍。

1.1 研究背景和研究意义

随着移动互联网和社交媒体的普及，一些消费品品牌（如苹果、哈雷）、奢侈品品牌（如路易威登、香奈儿、古驰）、文化产品（如哈利波特系列小说）、体育俱乐部和名人等都拥有了许多忠实粉丝（Fans）。粉丝们不仅争先恐后地排队购买新产品，还通过社交媒体经常关注该品牌的动态，在线上与品牌互动，保持紧密联系；他们热衷于在品牌的网络粉丝论坛中互相交流，或是举行线下聚会交朋友，形成了非常强大的粉丝社群和对品牌的归属感；他们也是品牌的坚定支持者，不允许其他人在网上攻击和污蔑自己热爱的品牌。粉丝这一特殊的群体对某个品牌有时会呈现出一种钦佩感、敬畏感，甚至是神圣感。他们与品牌之间的关系已经远远超出了普通消费者与品牌的关系。因此，粉丝的出现已经深刻地改变了品牌的塑造方式，消费者品牌关系也呈现出了新的内涵和特点。

根据国内外关于粉丝的研究，相对于普通消费者来说，粉丝们狂热地迷恋、仰慕甚至崇拜着自己所热爱的对象，并且在经济、时间和情感方面都有着超常（Excessive）的投入；他们不是被动地消费，而是积极、主动、创造性地通过消费来建构自己生活和存在的意义，因而被视为消费主义文化的典型代表（Smith，Fisher 和 Cole，2007）。Fiske（1992）在《粉丝文化经济》一书中也将粉丝现象称为当今“不可忽视的文化现象”。那么，粉丝与品牌之间的关系究竟有哪些新的特点呢？

Ragas 和 Bueno（2002），Belk 和 Tumbat（2005）以及 Muniz 和 Schau（2005）的研究都发现，苹果粉丝对苹果品牌会呈现出一种神圣感，并将这种现象称为品牌的神圣化。另外，Mcginnis 等（2012）的研究发现，体育粉丝在打高尔夫球时会感知到神圣感。还有，Gambetti 等（2012），Wirtz（2013）和 Hollebeek 等（2014）的研究将粉丝与品牌之间的关系界定为品牌契合。那么，粉丝与品牌之间的关系性质和特征究竟是什么？是否在不同的具体情境下会呈现出不同的特征？这种关系又是如何形成的？有哪些影响因素？再者，这种特殊的关系又能产生哪些行为后果呢？这些问题正是本书所要探讨的理论问题。

本书所研究的一系列问题具有较强的理论意义，具体包括以下内容：

第一，结合不同的具体情境和理论视角，本书将提出粉丝—品牌关系中的不同概念，包括品牌崇拜、粉丝神圣感、在线品牌契合等。各部分将清晰界定每个概念的定义和内涵，定量测量其维度，是从粉丝这一特殊群体出发对消费者—品牌关系理论的有益补充和延伸，有助于我们从理论高度更深刻地认识粉丝与品牌关系的性质和特征。

第二，基于不同的理论视角，本书各部分将分别揭示粉丝—品牌关系中不同概念的具体形成机制，包括其前置因素、中介效应和调节效应等。这有利于我们认识和理解粉丝—品牌关系形成的具体过程，解开其中未知的“黑箱”。

第三，基于不同的理论视角，本书各部分将分别探索粉丝—品牌关系的不同概念所产生的作用结果，从而检验和确认粉丝—品牌关系在各个方面能够带来的积极态度和行为结果，提高各概念的预测效度。

同时，本书的一系列研究结论也能为营销实践者在互联网和粉丝经济背景下塑造品牌提供一些有益的启示，具体包括以下内容：

第一，为营销实践者引入新概念和新理论来指导粉丝经济时代的品牌营销方式。由于粉丝心理和行为与普通消费者有着很大的不同，他们与品牌打交道和产生联系的方式也呈现出新的特点，因而粉丝经济时代的品牌营销方式也需要与时俱进。本书中所提出的新概念和理论框架能够为营销实践者在粉丝经济时代的品牌营销提供新的思路和策略指导。

第二，为企业加强消费者与品牌的关系、培养粉丝提供新的路径和具体策略指导。例如，通过打造令人敬畏的产品、为品牌注入价值观、强化企业家形象、社群营销等方式来培养粉丝对品牌的崇拜是实现品牌终极忠诚的独特路径；通过为粉丝营造流体验和社群感来激发体育粉丝的神圣感，进而提高他们持久参与的意愿；通过感知互动和类社会互动来促进粉丝的在线品牌契合成为获得积极网络口碑和品牌忠诚的新战略。

1.2 研究内容和框架

在回顾粉丝消费行为和消费者文化理论的基础上，本书主要通过品牌崇拜、粉丝神圣感和在线品牌契合这三部分研究内容来探索粉丝和品牌的关系，具体包括以下几点：

第一，品牌崇拜的概念和维度研究。以往的研究主要侧重于发现和描述这一新现象，并未对品牌崇拜的概念内涵和维度进行充分界定，因而未能从消费者品牌关系的角度揭示忠实粉丝与品牌之间的关系性质和特征。那么，究竟什么是品牌崇拜？它具有哪些维度？是否明显区别于品牌依恋和品牌至爱？基于心理学中的崇拜性维度理论，以苹果品牌的忠实粉丝为研究对象，本部分运用网络志方法界定了品牌崇拜的概念和维度，从而揭示了忠实粉丝与品牌之间的关系性质和特征，以期对现有的消费者品牌关系理论有所补充。

第二，粉丝神圣感的形成和作用结果研究。在体育粉丝情境下，粉丝对品牌的神圣感可以为持久参与的具体形成机制研究提供新的视角和解释。具体而言，粉丝神圣感是否在流体验和交融感对持久参与的影响过程中发挥着关键的中介作用？而且，粉丝精神性这一个人特征因素是否在以上过程中起到调节作用？这些尚未被研究的问题有待进一步实证检验。因此，基于心理学中的神圣化理论，本部分将引入粉丝神圣感这一中介变量和粉丝精神性这一调节变量，旨在从粉丝神圣感的新视角来构建体育粉丝持久参与的形成机制模型。这将有助于我们揭示体育粉丝持久参与形成过程的“黑箱”，为理解体育粉丝为何会持久参与一项体育项目的动机提供新的理论解释，也将为体育营销者有效提高消费者的持久参与意愿从而吸引更多粉丝提供营销策略建议。

第三，在线品牌契合的前因后果研究。在社交媒体粉丝的新情境下，学者们对在线品牌契合的前置因素和影响后果研究十分缺乏。因此，基于感知互动和类社会互动的双重视角，本部分旨在研究在线品牌契合可能存在的前置因素和影响后果，以期从互动的角度出发构建一个在线品牌契合的前因后果模型，从而深化和拓展有关在线品牌契合的理论研究，并为企业增强与粉丝的在线品牌契合提供营销策略建议。

综上所述，粉丝消费行为理论综述和消费者文化理论综述为本书相关章节的研究奠定了理论和研究方法基础，而品牌崇拜的概念和维度研究、粉丝神圣感的形成和作用结果研究，以及在线品牌契合的前因后果研究这三部分章节则构成了全书的研究主体，分别从忠实品牌粉丝、体育粉丝和社交媒体粉丝这三种不同情境来探讨品牌和粉丝的关系及其前因和后果。本书的研究内容、思路和研究框架如图 1－1 所示。

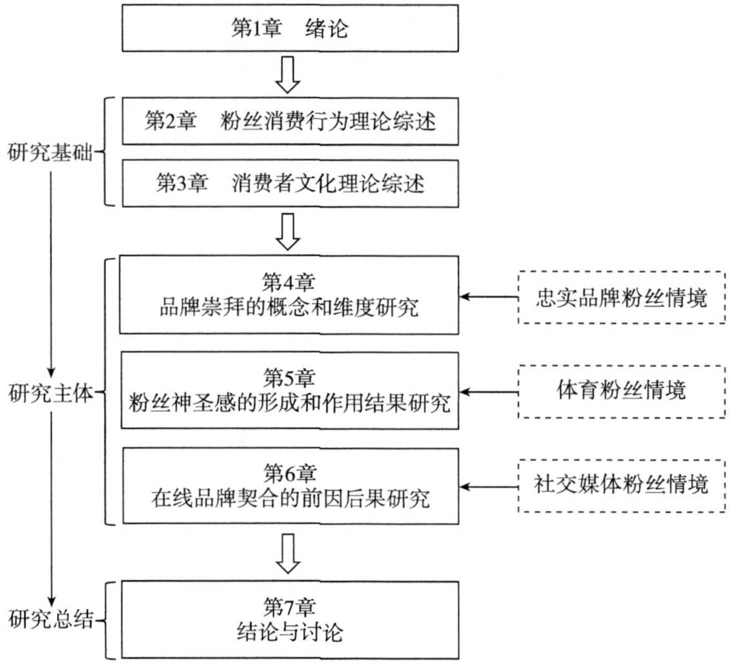

图 1－1　全书的研究思路和框架

1.3 研究方法

本书的相关研究综合运用了质性和量化研究方法，具体包括文献研究法、网络志、解释学、问卷调查法等研究方法和一般的统计数据分析方法。

第一，文献研究法。在选题方向确定后，笔者首先通过对相关文献的搜集、整理、阅读、梳理和分析充分掌握该主题的研究现状，从而发现以往研究的空白和不足，这为本书确定研究问题、制定研究目标奠定了坚实基础。

第二，网络志。网络志（Netnography，Kozinets，2002；2010）是运用互联网开展人种志的一种新方法，适合对互联网上的社群和文化现象进行研究。与现实中的人种志一样，它需要对在线社群（包括电子公告板、独立网页、新闻组、网络聊天室和论坛等）进行长期的参与式观察并开展在线访谈。相比人种志，它具有较简单、成本低、速度快的优势。本书在品牌崇拜的概念内涵和维度研究中使用了网络志研究方法。

第三，解释学方法。消费者文化理论（Consumer Culture Theory）是消费者研究的一种重要范式。在收集质性数据的基础上，解释（Interpretation）是赋予数据以意义的过程从而确保理解现象的精髓。它具有主观的、直觉的、特定性（Particularistic）、转变性以及可呈现的特征，在经验证据（Empirical Evidence）的基础上依靠研究者的专家意见、创造性、想象力、洞察力以及主观的直觉经验来得出结论（Spiggle，1994）。本书在品牌崇拜的概念内涵和维度研究中使用了解释学研究方法。

第四，问卷调查法。问卷调查法是定量研究中一种常用的数据收集方法。本书在对各部分的变量进行定量测量以及随后对概念模型的检验中都运用了问卷调查法来收集定量数据。笔者严格按照问卷调查法的科学原则编制问卷，这为定量的统计分析奠定了坚实基础。

第五，统计分析方法。在质性研究的基础上，本书各部分通过问卷调查法收集了定量数据，运用多种统计分析方法对变量进行定量测量，并对假设和概念模型进行实证检验，从而得出较为科学、严谨的结论。具体的统计分析方法包括描述性统计、信度和效度检验、验证性因子分析、结构方程模型与路径分析、中介效应和调节效应的 Bootstrap 检验等，所使用的统计分析软件主要有 SPSS 17.0 和 AMOS 18.0。

2 粉丝消费行为理论综述

粉丝究竟是怎样的一群消费者？他们有何超常的消费行为和心理特征？粉丝群体又有怎样的文化？粉丝们为什么会对某一对象如此忠实甚至狂热呢？对此，国外学者近年来从消费者行为、社会学和心理学的多学科视角进行了深入研究，从而形成了粉丝理论（Fan Theory）。鉴于粉丝现象对当今市场和文化的渗透和影响，粉丝理论对于推进市场营销的理论与实践有着重要意义（Smith, Fisher 和 Cole, 2007）。一方面，它有助于我们更好地理解"粉丝"这一超常消费群体的行为、文化和心理，从而探索出流行文化背景下针对粉丝的营销思路。同时，粉丝理论也为研究消费者忠诚这一经典主题提供了新的独特视角（Chung 等, 2005）。另一方面，粉丝理论对于一个品牌如何吸引、培养并保持一群忠实的粉丝也将提供有益的启示。

因此，在归纳"粉丝"定义的基础上，本章旨在梳理并评述国外关于粉丝消费行为、粉丝文化和心理特征的相关研究，探讨其对营销研究的启示和未来方向，为随后章节深入研究粉丝和品牌之间的关系性质和特征奠定理论基础。

2.1 粉丝的概念界定

由于粉丝现象处于多学科的交叉地带，在市场营销的语境下对其概念进行界定是本书探讨粉丝理论的前提，这包括粉丝的定义、其概念的独特性以及粉丝的分类。

2.1.1 粉丝的定义

根据已有的研究，学者们对粉丝的定义并未形成统一、公认的观点。然而，学者们对于粉丝的理解明显存在着广义和狭义之分。广义的粉丝一般泛指所有体育赛事或娱乐节目的普通观众。而在严格意义上，狭义的粉丝特指这样一些较为极端的人，他们对某个对象（包括人物、物体、宗教、团队、思想、品牌等）表现出超常的兴趣、爱好和热情（Smith，Fisher 和 Cole，2007）；他们的行为甚至被其他人视为不平常的、非常规的，但却不违反普遍的社会伦理规范（Thorne 和 Bruner，2006）。本书中所探讨的粉丝正是基于该狭义定义之上。

另外，粉丝在不同的具体语境下也有着丰富的内涵：①文化产品（如电影、文学、音乐、漫画等）的粉丝被称为“超常的读者”（Fiske，1992）。他们对自己所钟爱的文化产品有着一种独特的“情感感受力（Affective Sensibility）（Grossberg，1992）”，即能够从中获得愉悦感、满足感和成就感，并借此建构自我的意义。②品牌的粉丝是指那些对某个品牌表现出极度忠诚和狂热的支持者（Extremely Devotee，Die - hard Fan，Fanatic or Enthusiast）。③体育粉丝专指那些对赛事和俱乐部倾注大量情感、具有团队归属感的观众（Jacobson，2003）。

可见，关于“什么是粉丝”这个问题不能简单地一概而论。它存在广义和狭义之分，也随着行业的不同而具有不同的表现。然而在经济、时间和情感三方面的“超常投入”是粉丝们共有的重要特征；他们会表现出超常的行为，并依托他们所热爱的对象形成一些个人化的意义和信念（Jindra，1994）。

2.1.2 粉丝概念的独特性

粉丝作为一个特别的概念，与以往的普通消费者和忠诚消费者均具有一定的差异。首先，普通消费者只是简单地消费某产品以获取功能利益，而粉丝对某个产品和品牌产生了迷恋，其热爱和投入的程度更高。这主要表现在三方面：①收藏行为，即他们喜欢收藏该品牌不同系列的产品或纪念品。②信息搜集行为，即他们会主动、定期地搜集有关该品牌的新闻和信息，紧密关注新产品的动态。③参加社群活动，即在网络论坛中讨论该产品或与其他粉丝定期聚会，如苹果电脑粉丝俱乐部、哈雷车友会等。另外，忠诚消费者这一概念侧重于品牌认同、重复购买、口碑传播等较简单的、易测量的态度和行为特点，并不包含粉丝所具有的超常消费行为与社群文化等较复杂的特征。因而“粉丝”这一概念具有较丰富的内涵，侧重于消费者在情感和信念层面的非理性忠诚，更加强调消费对于个人的重要影响以及由此产生的文化意义。总之，作为消费者行为研究的重要流派之一，从社会和文化视角（Arnould 和 Thompson, 2005）来研究消费者时，“粉丝”这一新的营销概念有着重要价值。

2.1.3 粉丝的分类

虽然学者们没有对粉丝进行统一的分类，但 Hunt, Bristol 和 Bashaw（1999）对体育粉丝的分类具有一定的代表性，也可适用于品牌、文化产品以及名人的粉丝。根据粉丝的认同、依恋及其行为的激烈程度，他们将粉丝主要划分为三类，包括：①忠实粉丝（Devoted Fan）。他们能够突破地域和时间的限制来追随体育俱乐部和赛事，并对其产生了持续而稳定的认同、依恋和归属感。②狂热粉丝（Fanatical Fan）。他们除了拥有忠实粉丝的特征外，还通过更多的象征性行为来表现自己的热情，如特别着装、身涂油彩、手持道具、摇旗呐喊等。③紊乱型粉丝（Dysfunctional Fan）。前两种粉丝的行为虽然是超常的，但可以是被他人接受的，并未违反社会规范；而紊乱型粉丝则拥有一定程度的病态心理，可能会产生不理智的、过于情绪化的、破坏性的、违反社会规范的行为。需要说明的是，紊乱型粉丝的出现是少数的、不可避免的。它不仅对粉丝自身的健康有害，有时也会给市场营销者带来困扰。本书所探讨的主要是前两种正当的、良性的粉丝。

2.2 粉丝的超常消费行为

粉丝所具有的超常消费行为是他们区别于普通消费者的关键特征，因而成为粉丝理论的重点之一。基于消费者行为学的视角，营销学者运用不同的概念和理论来解释粉丝的超常消费行为，包括狂热消费行为、消费者热诚和理性上瘾理论。

2.2.1 狂热消费行为

Holbrook（1986）最早提出了狂热消费行为（Fanatic Consumer Behavior）的概念。他发现爵士乐粉丝会疯狂地收藏唱片以及相关的书籍、乐器和设备，而且热衷于向他人推荐，与他人交流、分享自己的心得体会。虽然没有形成一个完整的理论,但作者却提出了一些非常重要的观点:狂热消费行为的本质是一种由内在兴趣而激发的深度沉迷(Deep Involvement)。这种行为带有一定的强迫性和上瘾性,帮助塑造了粉丝独特的自我概念和身份认同,而且这种消费本身就是目的,而不是像普通消费活动那样有一个明确的、外在的功能性目的。"狂热消费行为"这一概念的提出打破了以往消费者行为研究的局限,将学者们的关注焦点从多数的普通消费者引向了少数的特殊消费者。对于这种极端现象的研究也必将有助于我们更加全面地理解消费者行为的模式和动机。

随后,其他学者也陆续关注了粉丝的这种狂热消费行为,并从不同的维度进一步揭示了其具体特征。从认知、情感和行为的维度出发,Redden 和 Steiner(2000)以体育粉丝为例发现粉丝具有两个重要特征:一是情感和行为的激烈性;二是偏执的态度和信念。与此不同,Thorne 和 Bruner(2006)通过对《星际迷航》(*Star Trek*)电影粉丝的访谈总结出了狂热消费行为的其他特征,包括:①内在沉迷,即粉丝集中大量时间、精力和资源于某一兴趣爱好上,并从中获得极大的乐趣。②外在沉迷,即粉丝通过外在的行为来表现他们对某一对象的热爱,包括在网络社群上发帖讨论,购买相关的书籍、杂志和纪念品等。③对物品的拥有欲,即粉丝需要拥有和收藏大量的物品来显示自己的粉丝身份,他们以占有这些物品的数量来衡量自己的资深程度。④对社交互动的渴望,即粉丝需要寻找与自己相似的人从而获得一种群体归属感。这一研究结论具有扎根理论的特征,是在没有任何假设的情况下对现象进行研究而"浮现"出的结论。因此,虽然没有明显的维度划分依据,该结论还是较为全面地反映出了狂热消费行为的特征,是对以往研究的补充。

2.2.2 消费者热诚

与狂热消费行为的本质相同,Pimentel 和 Reynolds(2004)发现体育粉丝对于他们所热爱的对象会表现出一种极端的热情和虔诚,作者称之为消费者热诚(Consumer Devotion)。该研究指出,粉丝们会表现出一系列的特殊消费行为,包括:①收藏和展示,即收藏球队的特许商品和纪念品并将它们整齐地摆放在一个特别的空间"供奉"起来。②分享,即在社群集会时相互交流看法和意见等。③牺牲,即尽可能地放弃其他安排来参与社群活动。

④创造性的努力，即想方设法地组织活动以吸引其他粉丝的参与。⑤仪式行为，包括在社群中身穿统一的队服、讲暗语、一起狂欢庆祝球队的胜利和重要节日等。另外，Pichler 和 Hemetsberger(2005)还从社会心理学的角度进一步扩展了消费者热诚的概念，认为它包含三个重要特征，即粉丝与品牌之间的激情、亲密和奉献。

相比较而言，狂热消费行为理论更好地解释了粉丝消费行为的内在本质，强调了其与普通消费行为的不同之处；而消费者热诚理论则更加具体地揭示了粉丝们所具有的仪式行为特征。所有这些主动、自发、持续的仪式行为会不断强化粉丝们对于球队的热情，使得球队在他们心目中获得神圣化(Sacralization)的地位；他们对球队的成绩及其未来发展具有了坚定的信念。

2.2.3 理性上瘾

根据经济学中的理性上瘾理论(Rational Addiction Theory)，以边际效用递增为特征的一些习惯养成型消费(Habit - forming Consumption)会产生一种可预测的动态消费行为模式，而粉丝的行为恰好属于这种类型。以美国职业棒球大联盟粉丝为例，Lee 和 Smith(2007)建立起了一个计量模型，以期得出当一个粉丝的生命预期效用(Lifetime Expected Utility)最大化时他在每个时期所观看比赛和消费相关产品与服务的数量。通过采集定量数据，该模型的检验结果显示，粉丝确实存在一种上瘾的、习惯性的、相对稳定的、可预测的消费行为，这与普通消费者随机的、偶发的、不可预测的消费行为形成了鲜明对比。值得注意的是，该研究显示粉丝消费行为打破了一般情况下的“边际效用递减”规律，属于“边际效用递增”的习惯养成型消费行为。根据 Holbrook(1986)的观点，这正是因为对于粉丝而言消费本身就是目的，是内在兴趣所在，因而多消费一次就是多享受一次。

综上所述，无论是狂热消费行为、消费者热诚，还是理性上瘾，都是对粉丝消费行为特征的深刻揭示和高度概括。这三种概念和理论有力地解释了粉丝的超常消费行为，是对一般的、常规的消费行为理论的有益补充，也为消费者研究拓宽了视野。

2.3 粉丝文化及其特性

粉丝并非孤立地存在。他们往往自发结成社会关系网络,形成不同的社群组织,并由此派生出独特的粉丝文化。不同于粉丝个体层面的消费行为研究,从社会学视角对粉丝文化的研究可以反映出粉丝作为一个群体所具有的特征。

粉丝文化(Fan Culture)是指粉丝群体所表现出的一般性的价值观、行为方式以及由此产生的文化现象。它以粉丝个人的超常消费行为为基础,以粉丝社群为载体,是与社会主流文化或官方文化不同的一种亚文化(Subculture)。根据学者们的研究,粉丝文化至少有以下四个重要特征。

2.3.1 参与性

深度参与是粉丝消费行为的重要表现,因而参与性文化是粉丝文化的首要特征。Jenkins(1992)曾在《文本盗猎者》一书中对电视粉丝的参与性文化进行了剖析。他指出,文化产品的粉丝不仅仅阅读或观看,而且乐于按照自己的意愿和喜好对原文本进行改编和再创作,从而“生产”出自己的文化产品,并通过互联网进行传播和交流。Kozinets(1997)对电视剧《X 档案》粉丝社群进行研究后发现,粉丝们对该电视剧并非只是被动地观看,而是通过深度参与和电视剧产生了互动——他们自发地为该剧制定了具有专业水准的鉴赏标准,包括剧情是否合理、画面是否符合美学要求以及演员是否合适等,从而形成了一个群体的独特品味。粉丝们还将剧中的一些元素(包括图片、标志、经典台词等)带入自己的日常生活,以显示他们的粉丝身份。总之,粉丝的深度参与不仅使他们与所喜爱的对象之间关系更加亲密,同时他们也从这种参与中制造出了属于自己的特殊意义。

2.3.2 崇拜性

崇拜是粉丝热爱某一对象的极端表现,崇拜文化也已渗透在粉丝社群的仪式行为之中,包括对文化产品、消费品品牌、体育俱乐部以及名人的崇拜。例如,Barbas(2001)通过对好莱坞电影粉丝的研究指出,好莱坞就是粉丝们的梦想工厂，粉丝的崇拜文化正是好莱坞文化的重要组成部分。粉丝们对影星的个性产生了强烈的崇拜情结。他们积极模仿偶像的穿衣方式、饮食方式以及对生活用品的选择等，并希望以这种方式尽可能地使自己接近"理想自我"。再如，苹果粉丝们连夜排队，对新品发布的狂热和追捧，也是崇拜文化的体现。

2.3.3 社交性

许多研究显示，粉丝们在社群中保持着密切交往；他们互相支持、互助友爱，形成了忠实的伙伴关系（O'Quinn，1991）；粉丝对彼此具有一定的影响力，成为生活中重要的参考群体（Reference Group）。Geraghty（2006）发现，粉丝之间存在着一个相互支持的关系网络；他们通过信件等方式联系沟通，分享生活经历；他们甚至会避开朋友、亲人和医生等传统途径，转向其他粉丝来咨询生活问题、寻求建议等。另外，Baym（1998）研究了肥皂剧粉丝们在网络社群中的交际实践：他们经常发帖来提供有关该剧的信息、推测剧情、发表批评意见，甚至改写剧情等。作者发现，这种自由的交流和讨论事实上极大地提高了粉丝们观看肥皂剧的愉悦和意义；社群交流已经成为粉丝们进行自我表达、展示才华以及获得认可的重要方式。

2.3.4 污名身份

由于粉丝文化是一种通俗的、非主流的亚文化，社会往往赋予粉丝们一种被贬低的、被视为下等的污名身份（Stigma），这也是粉丝文化的特征之一。Cusack，Jack 和 Kavanagh（2003）发现，《星际迷航》粉丝群体（Trekkies）被普通大众视为异类。他们之所以背负着"污名"，有两个原因：一方面，《星际迷航》是一种虚构的非主流文化产品，被大多数人视为"品位低"；另一方面，粉丝们超常的情感投入和过激的情感表达行为会使他们被看作缺乏自我克制的"非正常人"。而面对公众强加的污名身份，粉丝们的态度是"幽默对待，我行我素，不必在乎他人的看法"。作者还特别指出，粉丝们甚至喜欢这种独特、个性的"标签"，但同时也不愿被社会过度边缘化。

上述的四个特征正是粉丝文化与一般主流文化的区别所在，对于我们实际生活中的粉丝现象具有很好的解释力。事实上，粉丝文化与粉丝社群一并成为评估粉丝现象强弱程度的重要标准。也就是说,判断围绕一个事物是否存在粉丝现象,除了观察粉丝的个人消费行为,更要看粉丝们是否形成了组织化的社群以及是否具备一定的文化特征。

2.4 粉丝的心理特征

独特的消费行为和社群文化是粉丝被称为超常消费者的原因所在。然而,消费者为什么会成为粉丝?这一过程是怎样的?他们为什么会对某一对象表现得如此狂热?在个性方面,他们与普通消费者又有何不同呢?带着这些重要的问题,一些学者从心理学的视角对粉丝的心理动机和个性特征进行了研究。

2.4.1 粉丝的心理动机

Smith, Fisher 和 Cole(2007)认为,粉丝之所以会对某个事物表现出狂热行为,是因为他们需要通过这种由衷的热情来定义一个"真实的自我",从而实现对自我身份的强烈认同和自信;激情和狂热正是他们的一种生活方式。在对某个事物产生狂热依恋的过程中,他们形成了一套个人化的信念系统和价值观,产生了群体归属感。事实上,如果从"内部人"的角度看,粉丝群体的行为和文化只不过是他们对情感的正常流露和表现,根本无所谓超常、过度或者极端。该研究尝试从自我认同的视角来解释粉丝的心理动机,但比较笼统和抽象,未能提供较为全面的答案。

相比之下,Wann 等(2008)针对体育粉丝所开发的粉丝动机调查量表则更为详细,也具有较好的适用性和可操作性。其中,他们将体育粉丝的内在动机大体归结为六个因素,分别是:①唤起,即通过体育赛事来获得兴奋和刺激的感觉;②群体归属;③自尊,即粉丝们将球员或俱乐部的成功转视为自己的成功,以获得自尊和成就感;④遁世;⑤审美愉悦;⑥休闲娱乐。类似地,Smith 和 Stewart(2007),Dionisio, Leal 和 Moutinho(2008)的研究也都显示,团队认同、团队依恋以及获得归属感是粉丝的重要心理动机。

另外,Funk 和 James(2001)从演变过程的视角,提出了粉丝与体育赛事之间关系演变的心理连续体模型。该模型认为,普通观众逐步演变为忠实粉丝需要依次经历四个社会心理阶段,包括关注、吸引、依恋和忠贞。事实上，前两个阶段主要受体育赛事的外在因素影响，观众只存在一些享乐动机。然而，要达到后两个阶段主要依靠观众自身的内在因素。只有当某项体育运动开始影响观众的价值观、态度、目标和生活方式时，依恋和忠贞才能形成。这一研究表明，成为一个对象的粉丝往往需要内在因素和外在因素的双重作用，二者缺一不可。

这些有关粉丝的心理动机和成长过程的研究向我们揭示了粉丝之所以成为粉丝的重要原因，而这对于营销者应该如何吸引、培养以及保持一群忠实的粉丝也提供了有益的启示。只有当产品和品牌持续地为消费者带来唤起感、兴奋感、认同感和归属感，并深刻地影响他们的价值观和生活方式时，消费者才能转化为粉丝。

2.4.2 粉丝的个性特征

从以上研究中我们知道，消费者转变为粉丝是受个人内在因素影响的。也就是说，并非人人都容易成为忠实粉丝，而且并非所有粉丝都会成为狂热粉丝。根据学者们的研究，具有某些鲜明个性特征的人往往更容易成为粉丝。例如，Donavan，Carlson 和 Zimmerman（2005）对体育粉丝的一项研究显示，体育粉丝大多具有外向、随和的个性，对唤起和刺激感具有明显的需求，对于物质的收集和占有也拥有强烈的欲望。而且，这四项因素的程度越高，粉丝对归属感和认同感的渴望也就越高。同样，McCarley 和 Escoto（2003）对名人崇拜（Celebrity Worship）现象的研究也表明，名人粉丝们大多具有外向的个性特征。当然，这些有限的研究结论与样本选取的行业有关，未来还可以在更多的研究中考虑粉丝的其他个性因素，如感性程度等。总之，粉丝是一类特殊的群体，对他们热爱的对象有着独特的情感感受力和相对激烈的表达方式。因此，一个产品和品牌能否拥有一群忠实的粉丝不仅取决于其所在的行业性质、产品和品牌的吸引力，也取决于其目标消费群体的构成情况。

2.5 启示与未来研究展望

通过评述粉丝理论，我们得以较为全面地了解“粉丝”这一营销概念及其作为超常消费者在消费行为、粉丝文化和心理方面的诸多特征。这将有助于我们进一步探索以往受到忽视的消费者非理性行为和非理性忠诚，从而推进并丰富消费者忠诚理论。另外，粉丝理论对于我们深刻理解现代商业文化以及思考如何培养一群忠实的粉丝提供了很好的启示。只有当产品和品牌能够融入消费者的生活方式、兴趣、爱好以及价值观，并带给他们所需要的一种信念时，消费者才能转化为品牌的忠实粉丝。

我们还可以依据粉丝理论来探索流行文化背景下针对粉丝的营销策略，从而展开"粉丝营销"。例如，通过非主流文化的品牌价值定位来激发一小部分目标消费群体的高度认同；通过支持和鼓励粉丝的深度参与来提高产品和品牌对他们的影响力；利用粉丝的社交渠道进行快速推广和传播；依托粉丝的崇拜文化开发后续衍生品；等等。

当前，实体空间和网络空间中各式各样的"粉丝团"已经成为流行文化的新主角。它们不可避免地影响着当今企业的市场营销实践。因而学者们可以进一步研究许多有价值的、基于粉丝现象的营销问题。目前，学者们对粉丝的研究大多使用定性研究方法，这符合一个领域从初期走向成熟的发展过程。在前期探索的基础上，我们需要更多的定量研究来深化粉丝理论：

第一，吸引粉丝的产品和品牌因素研究。在当前国内的流行文化背景下，具有哪些元素的产品和品牌更容易吸引忠实的粉丝？粉丝对一个产品或品牌产生迷恋的影响因素有哪些？如增加审美体验、网络文化的流行元素、新奇感等。这将有助于企业开发出更具粉丝吸引力的产品和品牌。

第二，粉丝社群的内在机理研究。作为一种特殊的社群形式，粉丝社群与以往的品牌社群有何不同？它在粉丝与对象之间形成忠诚关系的过程中有何独特作用？粉丝社群的形成过程又是怎样的？这些研究将有助于我们更好地认识粉丝社群，并探索出培育粉丝社群的途径。

第三，粉丝社群内部的信息传播方式研究。当前许多企业已经开始利用 Facebook、Twitter、新浪微博、腾讯 QQ 等社交网站来发布信息，利用粉丝俱乐部等平台与粉丝们进行互动，以扩大品牌影响力。然而，粉丝社群内部的信息传播方式是怎样的？如何确定某个粉丝社群内部的主要意见领袖？粉丝们在什么样的购买决策上容易受彼此的影响？这种影响发生的过程又是怎样的？这些研究将有助于揭示粉丝与粉丝之间的关联影响作用，从而使企业更高效地、更有针对性地进行新媒体传播。

第四，基于粉丝的品牌代言效果研究。粉丝们会崇拜名人的个性特征并对其行为进行模仿。因而品牌在选择名人作为代言人时除了注重名人的知名度和影响力外，还应考虑“品牌个性与名人个性”以及“目标群体与粉丝群体”的双重匹配，才能最大限度地发挥名人效应，将“名人粉丝”转化为“品牌粉丝”，从而提高品牌购买意向。当然，这一假设还有待实证研究的检验。

3 消费者文化理论综述

通过梳理文献,笔者发现国外关于粉丝及其社群文化的研究大多采用质性研究方法并遵循消费者文化理论范式。那么,究竟什么是消费者研究中的消费者文化理论范式?它是否特别适合研究粉丝社群文化这一主题呢?本章在回顾消费者文化理论历史渊源的基础上,系统地梳理并综述消费者文化理论的哲学基础、研究内容和研究方法,并在此基础上指出该范式对国内营销界的重要启示和未来研究方向,以期促进本土消费者研究的多样化,推动本土消费者文化理论的起步与发展。更重要的是,这一理论范式将为本书后续章节研究粉丝与品牌的关系提供研究方法上的指导和支撑。

在实证主义(Positivism)哲学的影响下,量化研究在当前国内的消费者研究和营销策略研究中占据着绝对主导地位,这对国内市场营销研究的科学化、规范化起到了重要推进作用。然而,实证主义哲学并不完全适用于人文社会学科(吉登斯,2003;哈贝马斯,2004;张庆熊,2010)。鉴于量化测量在消费体验、价值共创、社群文化等诸多重要问题研究中的不适用性,越来越多的营销学者和企业界人士认识到质性研究在提出新概念、发展新理论、提供新见解以及辅助决策等方面的重要作用(Goulding,2007)。经过二十多年的发展,国外消费者研究领域逐渐形成了一种主要依赖质性研究方法的所谓"另一种研究范式",即消费者文化理论(Consumer Culture Theory, Arnould 和 Thompson,2005)。它与消费者研究的其他范式(主要指实证主义哲学下的信息处理理论和行为决策理论)在哲学基础、研究内容和研究方法方面有着系统的不同,在消费者研究中发挥着重要的补充作用,促进了消费者研究的多样化。当前,国外消费者文化理论相关论文占消费者研究论文总数的约1/5,基于消费者文化理论的研究已经成为消费者研究的重要组成部分，也是推进消费者理论创新的重要阵地（MacInnis and Folks，2010）。与此相对，国内的消费者研究在选题和方法上还比较狭窄和单一，对消费者文化理论缺乏应有的关注和探讨。

3.1 消费者文化理论的历史渊源

消费者文化理论的形成使得消费者研究经历了一场“范式的转变”（Thompson 等，1989；Lutz，1989；Ekstrom，2003）。对消费者文化理论历史渊源的简要回顾可以使我们清楚地了解这一范式的产生背景、形成过程及在消费者研究中的重要地位和发展现状。总的来说，消费者文化理论的发展经历了兴起、融入和形成三大阶段。

3.1.1 兴起阶段

20 世纪七八十年代，随着西方市场营销学的发展，以实证研究为主体的消费者研究日益暴露出许多问题，引发了一些学者的反思。Jacoby（1978）批评当时的论文在研究设计、信度和效度方面存在诸多不严谨之处，认为大部分研究论文缺乏有价值的观点和足够的理论创新，甚至不值一读。Anderson（1983）从科学哲学的角度对市场营销研究的所谓“科学的过程和方法”进行了讨论和批判，认为实证主义所依赖的实证检验并非是绝对的“科学的过程”，而且人们对于什么是“科学的方法”事实上没有一致的观点。他指出，随着实证主义在社会科学研究中的衰落，消费者研究也应该与时俱进地关注哲学和社会科学中的其他观念，从而使消费者研究的主题、概念、理论和方法不断演进。

20 世纪八九十年代，在社会科学领域诠释主义哲学思潮的影响下，许多具有社会学、人类学、语言学和历史学等学科背景的学者纷纷介入消费者研究领域。他们运用多样化的质性研究方法为消费者研究开拓了新的视角和主题，提出了许多新颖而且有价值的观点和概念，极大地丰富了消费者理论。例如，体验型消费（Holbrook and Hirschman，1982）和享乐型消费（Hirschman 和 Holbrook，1982）这两个有着重要影响的概念的提出；Sherry（1983）和 Otnes 等（1993）对送礼行为的研究；Rook（1985），Wallendorf 和 Arnould（1991）对仪式消费的研究；McCracken（1986）对商品中文化意义的研究；

Belk(1987 和 1988)对物质价值观的研究以及随后提出的延伸自我(Extended Self)概念;Hirschman(1992)对上瘾和强迫性消费的研究;Arnould 和 Price(1993)提出的超然体验(Extraordinary Experience),还有 Celsi 等(1993)对高空跳伞这一高风险休闲消费的研究;等等。

与此同时,这些学者还相继发表了一系列鼓励质性研究的方法性论文,进一步扩大了他们的影响。例如,Sherry(1986)鼓励从文化视角进行消费者研究;Hirschman(1986)阐述了人文主义研究法(Humanistic Inquiry);Belk 等(1988)引入了自然主义研究法(Naturalistic Inquiry);Holbrook 和 O'Shaughnessy(1988)倡导阐释法(Interpretive Approach);Thompson 等(1989)介绍了存在现象学(Existential - phenomenology);Arnould 和 Fischer(1994)论述了诠释学与消费者研究的关系;Arnould 和 Wallendorf(1994)提出了市场导向的人种志(Market - oriented Ethnography);等等。

3.1.2 融入阶段

以上学者及其论文在当时引起了消费者研究界的极大关注、讨论和辩争。由于这类研究的哲学基础、研究目标和研究方法与以往的实证研究有很大的不同,有学者称这是消费者研究探求知识的“另一种方式”(Hudson 和 Ozanne,1988)或者“阐释转向(Interpretive Turn)”(Sherry,1991),更有学者直接将其称为消费者研究的“范式转变”(Thompson 等,1989;Lutz,1989;Ekstrom,2003)。但是,也有一些实证主义者对此表示出质疑甚至反对。他们认为这类研究没有评价标准,容易导致研究的混乱和无序;也有人批评这些研究只是“标新立异、哗众取宠的伎俩”,其研究结论过于主观,概念和理论不够清晰;等等(Calder 和 Tybout,1987;Arnould 和 Thompson, 2005)。

一场关于消费者研究学科性质和定位的大讨论就此拉开序幕,直到今天仍然存在争议。然而,大多数学者最终认为,消费者研究建立在经济学、心理学、社会学、人类学、历史学等多门学科的基础之上,具有跨学科(Interdisciplinary)(Holbrook,1987)或多学科基础(Multidisciplinary)(MacInnis 和 Folks,2010)的性质。因而 Belk(1986)鼓励消费者研究摆脱经济学和心理学的传统影响,更多地采用社会学和人类学的学科视角。与此同时,越来越多的学者开始鼓励消费者研究的多样化,以便贡献多种不同的观点、理论和知识(Brinberg 和 Hirschman, 1986; Hunt, 1991; Zaltman, 2000; Ekstrom, 2003;

Deighton,2007）。他们认为，新兴的这类研究与以往的实证研究各有优缺点，具有不同的哲学假设、研究内容和研究方法，有各自不同的评价标准，因而不能简单地进行横向比较。消费者研究应该摒弃偏见，保持开放、包容而非封闭的态度（Wells,1993）。研究风格是个人化的，应该鼓励研究者选择自己的哲学观点和信念，采用不同的方法对感兴趣的现象和问题进行研究。只有在这样一种平等、竞争、互补、共存的条件下，消费者理论才能不断得到丰富和发展（Goulding,1999）。至此，这类质性研究获得了学界的认可，从而正式融入消费者研究领域。

3.1.3 形成阶段

20世纪90年代以后，运用质性方法的消费者研究取得了长足发展，产生了有关品牌关系（Fournier,1998）和品牌社群（Muniz 和 O'Guinn,2001；McAlexander 等,2002）等的一系列具有极高转载率和影响力的论文。然而，由于学者们使用各种不同的称谓，这类质性研究一直饱受身份含糊不清的困扰。直到 Arnould 和 Thompson（2005）使用"消费者文化理论"一词对以往的质性研究进行统一命名和正本清源后，消费者文化理论作为消费者研究的一种重要范式才算正式形成。根据他们的总结，消费者文化理论侧重于研究消费现象中所蕴含的社会文化、体验、象征意义和思想观念等方面的内容，致力于构建关于消费和市场行为的独特知识体系，以贡献于消费者研究、公共政策和管理实践。他们澄清，消费者文化理论与其他范式不仅仅存在研究方法的不同，而且存在连同哲学基础和研究内容在内的"系统的不同"。经过二十多年的发展，消费者文化理论对消费者研究产生了重要影响，已成长为消费者研究的一种重要范式和一个重要阵营（见图3-1）。消费者文化理论相关论文常见于营销学顶级期刊，同时也出现了诸如"*Culture, Markets, and Consumption*"和"*Journal of Consumer Culture*"之类的一系列专业化期刊以及相关学术会议（CCT），而且北美各大著名商学院几乎都有消费者文化理论方面的学者。另外，消费者文化理论对营销策略研究也产生了影响，许多学者和企业咨询人员也开始运用人种志等人类学方法开展应用研究（Arnould 和 Wallendorf,1994；Anderson,2009）。

那么，消费者文化理论的哲学基础、研究内容和研究方法究竟是什么？作为一种范式，它和实证主义哲学下的其他范式究竟有什么不同？本章接下来的三个部分将详细探讨这些问题。

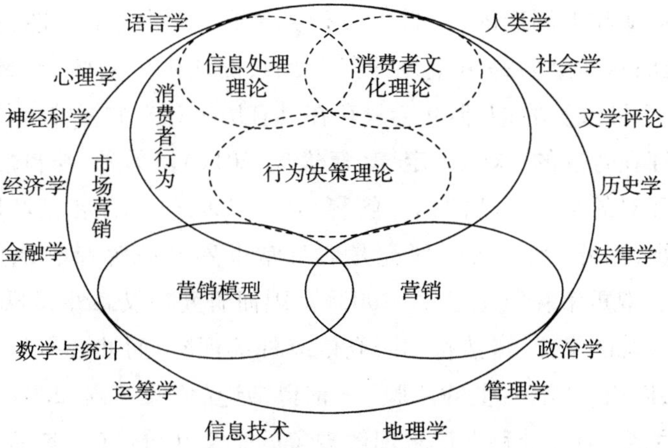

图3－1 市场营销学研究范式与学科基础构成

资料来源：MacInnis和Folks（2010）。

3.2 消费者文化理论的哲学基础

哲学基础是研究范式所遵循的科学哲学，它从根本上决定了一种研究范式的研究内容和研究方法，因而深刻理解消费者文化理论的哲学基础是探讨该理论的重要前提。虽然消费者文化理论包含的内容繁多，但其主要的哲学基础是诠释主义（Hudson 和 Ozanne，1988；Holbrook 和 O'Shaughnessy，1988；Sherry，1991；Arnould 和 Fischer，1994）。本部分将在对实证主义的局限性进行必要的讨论之后，介绍诠释主义的主要观点，并对两种科学哲学的基本假设进行对比。

3.2.1 实证主义的局限性

以孔德、斯宾塞和穆勒为代表的早期社会学家开创了实证主义社会学传统，并使之长期成为整个社会科学研究的主流方法。他们认为社会现象和自然现象没有本质差别，它们遵循同样的方法论准则，都可以用普遍的因果律来说明。然而，20世纪70年代以来，社会学家对实证主义的质疑和批判从未停止过。他们认为社会现象和自然现象、社会科学和自然科学有着本质的不同。具体来说，自然界不是由人类行为创造的，而社会是由每个日常参与者创造和再创造的，而且人类行为具有目的性、主观性、意义性并带有价值判断；科学经验是可重复、可证实的，而活生生的体验（Lived Experience）则是不可重复的；人类社会只存在具有历史意义的特殊事件，而不像自然界那样存在普遍的、永恒的定律（蒋逸民，2011）。另外，与自然科学不同，社会科学面对的是一个已被预先解释（Pre – interpreted）和已经用符号建构起来的世界，因此，社会科学研究是对日常世界已被解释的现象进行再解释，即存在“双重解释”（吉登斯，2003）。因而研究者仅靠外部观察无法进入社会现象。总的来说，自然科学研究依靠外部观察，而社会科学研究依靠理解和解释，即通过“活生生的体验”来推得结论（哈贝马斯，2004）；自然科学探究因果关系，而社会科学追求理解现象的意义和价值（洪汉鼎，2001）。正如狄尔泰所说：“我们说明自然，我们理解心灵。”因此，韦伯等古典社会学家认为社会现象有其独特的性质和规律，社会科学研究不能盲目效仿自然科学研究方法，而应该确立自己独特的方法（吉登斯，2003）。实证主义所依赖的外部观察有着严重的局限性，至少有必要对其以“内部理解”的方式加以补充（张庆熊，2010）。

3.2.2 诠释主义的观点

诠释学（又称解释学、阐释学或释义学）最早是一门对古代典籍进行注释和阐明的技艺，后来成为一门关于理解和解释的学科，最后逐渐发展为人文社会科学的普遍方法论和哲学诠释学，即诠释主义（Hermeneutics 或 Interpretivism）（洪汉鼎，2001）。与实证主义的工具取向不同，诠释主义的研究取向是实践取向，即关注普通人处理日常事务的过程。其精髓在于通过语言和文本分析对社会现象进行理解和解释。这里的理解和解释是同时进行的，解释是理解的表现形式（洪汉鼎，2001）。

在诠释主义的发展过程中，其主要代表人物的观点和理论虽然各有不同，但基本上都围绕着“如何进行理解和解释”展开，从而不断丰富和发展着诠释主义。首先，狄尔泰认为，对陌生的生命表现和他人的理解应该建立在对自己的体验和理解之上。由于生命有其共同性和普遍性，理解者应该通过模仿或再体验使自己的精神生命参与到理解之中，从而通过心灵转换（即所谓的“移入”）获取内在经验以领会他人的心灵或精神（洪汉鼎，2001）。其次，伽达默尔的视域融合思想认为，理解和解释是历史与现在的中介，是文本原作者的视域与解释者视域的相互融合。文本的真正意义并不在于文本本身，而在于它的不断再现和解释。理解不是一种复制性行为，而始终是一种创造性行为，永远具有一种不断向未来开放的动态结构。也就是说，理解的关键不是"更好的理解"而是"不同的理解"（洪汉鼎，2001）。再者，哈贝马斯的交往行为理论认为，如果解释者只在外部观察，那么他所感知的就只是他没有理解的基本表达，而对象的生活世界只向那些具有共同的言语和行为能力的人敞开。理解不能脱离语境，拥有共同的语境即建立起"前理解"（Pre – understanding）的知识结构是理解的前提；而要了解语境就必须依靠言语和行为进行日常交往和互动，从而参与到对象的生活世界之中（哈贝马斯，2004）。最后，海德格尔的存在现象学理论认为，我们应该从先于一切观点和理论的地方开始，通过"现象学还原"来直接面对事物本身，让事物自身通过言谈和发声如其所是的那样把自己呈现出来，而不是将我们的意识强加于事物（洪汉鼎，2001）。因此，通过纯粹的描述和叙述使事物得以被揭示正是诠释主义的本质。

3.2.3 诠释主义与实证主义的哲学假设对比

诠释主义是与实证主义相并列的科学哲学，它们在存在论、价值论和认识论三方面有着彼此截然不同的哲学假设（Hudson 和 Ozanne，1988）（见表 3 – 1）。首先，在存在论方面，诠释主义认为存在"多重现实"，现实是社会建构的、整体的、情境化的；而实证主义认为现实是完全客观的、可触摸的、存在唯一解释的、碎片化的、可拆分的，因而是可以被精确测量的。诠释主义认为人的行为是自主自愿和积极主动的，因而行为主体被看作信息提供者（Informants）。而实证主义认为人的行为是被决定的、被动的、可以被刺激的，因而行为主体被看作被试（Subjects）。在认识论方面，诠释主义认为某一现象的发生受多重因素的同时作用，是独特的、不可重复的、依赖于情境的；而实证主义则探求不依赖于情境的、可重复的一般规律，努力识别导致某一结果的条件、因素和效应。因而诠释主义追求理解现象，而实证主义探求因果关系以预测未来。另外，诠释主义研究需要研究者和研究对象的互动与合作，强调在自然情境（Natural Settings）下展开田野研究和内部观察，从而将研究者的介入与操作所产生的影响最小化；而实证主义认为研究者完全独立于研究对象，强调通过实验设计进行外部观察。

综上所述，这两种科学哲学各有其优缺点和相应的评价方式，事实上是不可比较的。作为一种重要的科学哲学，诠释主义为我们提供了看待消费现象的“另一种世界观”（Thompson 等，1989），对包括消费者研究在内的诸多社会学科研究领域产生了深远影响。正因如此，消费者文化理论的研究视角、研究内容和研究方法与受实证主义哲学影响的其他范式具有明显的差异。

表 3－1　诠释主义与实证主义的哲学假设对比

哲学假设		诠释主义	实证主义
存在论	现实的性质	社会建构的、多重的、整体的、情境化的	客观的、可触摸的、唯一的、碎片化的、可拆分的
	社会人的性质	自愿的、积极主动的	被决定的、被动的
价值论	最终目标	理解	揭示因果关系和进行预测
认识论	所产生的知识	独特的、不可重复的、情境依赖的	可重复的、不依赖情境的一般规律
	因果关系	多重因素同时作用	可识别条件、因素、效应
	研究者与研究对象的关系	互动合作的、自然情况下的、内部观察	二元独立的、外部观察

资料来源：Hudson 和 Ozanne（1988）。

3.3 消费者文化理论的研究内容

消费社会学认为消费本身就是一种文化（王宁，2001）。根据 Arnould 和 Thompson（2005）的观点，消费者文化理论范式下的文化是指体验、意义和行为的交织体；消费者文化是由群体所使用的商业化的图片、文本和物品互相关联而形成的意义系统，这些意义被嵌入消费者的某个特殊的社会情境、角色和关系之中。因而消费者文化理论认为消费是一种由历史塑造的社会文化实践；它主要研究消费的文化意义、所受的社会历史影响以及在日常情境中所塑造的消费者体验与身份。本部分将从研究属性和主题内容两个方面来具体说明消费者文化理论的研究内容。

3.3.1 研究属性

由于哲学假设的不同,基于诠释主义的消费者文化理论与实证主义哲学下的其他范式有着不同的研究属性,具体包括以下五个方面:

第一,在有关消费现象的前提假设方面,消费者文化理论关注消费者的日常生活和现实世界,强调文化复杂性(Cultural Complexity),重点探查不同群体所具有的异质化、多样化的文化意义;而不是像其他范式那样将消费者看作透明的、理性的个体,并将消费现象看作同质化的、统一的、整体的系统(Arnould 和 Thompson, 2005)。

第二,在研究目标方面,消费者文化理论追求对一个典型现象的整体的、深入的、情境化的理解,重点研究独特社会文化情境下的消费现象。同时,它强调基于个体的消费体验和故事来阐释个人化的消费意义(Thompson,1997)。这也不同于其他范式所追求的具有统计意义的一般性、普遍性规律和结论。

第三,在研究视角方面,消费者文化理论侧重于研究消费的社会文化、体验、象征意义和思想观念方面,如消费的享乐和美学体验(Joy 和 Sherry, 2003)、仪式维度(Bonsu 和 Belk,2003)以及嵌入在广告、品牌、零售环境、物质商品中的象征意义(Mick and Buhl, 1992)等。这也不同于其他范式所强调的管理实践视角。另外,消费者文化理论强调从研究对象的“内部人”视角并用消费者自己的语言来为他们的体验赋予意义,这也不同于其他范式所强调的所谓“外部人”的客观视角。

第四,在具体研究问题方面,消费者文化理论的兴趣主要在于揭示某个消费现象的意义及其所隐含的体验、过程与结构,而非其他范式所探求的因果关系(Deighton 等,2010)。

第五,在研究的价值与贡献方面,消费者文化理论擅长理论发现,有利于提出新的概念和深刻的见解,以及具有创新性的理论分析框架。它可以帮助后继研究者提出新的假设、构建新的变量以及延伸现有理论。而在其他范式下,后继研究者只是在前人的理论基础上提出假设并进行验证(Calder 和 Tybout,1987;Hudson 和 Ozanne,1988)。

3.3.2 主题内容

消费者文化理论的研究内容涉及整个消费过程的各个环节。根据Arnould和Thompson(2005)的分类,以往消费者文化理论的研究主要集中在以下四个相互联系的主题内容上:

第一,消费者身份。市场已经成为消费者建构自我身份的重要象征性资源,因而消费者文化理论一直关注消费者与市场提供物以"共同生产"的方式形成的连贯的、多样化的,而且有时是碎片化的自我感觉(Sense of Self)和自我意义。它侧重于研究消费者身份(包括个人与集体身份)与市场的建构性影响之间的关系。在此过程中,消费者既是身份搜寻者,也是身份制造者。例如,Schau和Gilly(2003)研究了消费者是如何通过在其个人网络空间中贴出图片、符号、文本等来表达自我并建构数字自我(Digital Self)的。这种自我与现实自我不同,是消费者在网络空间里表达自我的独特方式。

第二,市场文化。这一主题致力于研究在市场与文化的相互交融中被消费者创造并嵌入其生活世界的文化,揭示消费者文化在特殊的文化情境下的形成过程以及对于身处其中的消费者所产生的意义。消费者通过追求共同的消费兴趣而产生社会团结感和集体身份认同,创造出独特的消费亚文化。在这一过程中,消费者不再只是文化承担者,也是文化创造者。例如,Kozinets(2001)对星际迷航粉丝文化,Muniz和O'Guinn(2001)和McAlexander等(2002)对汽车、摩托车品牌社群,以及Muniz和Schau(2005)对苹果品牌社群所进行的深入研究都属于这一主题。

第三,消费的社会历史模式。这一主题关注制度和社会结构对消费所产生的系统性影响,旨在从社会历史的视角研究消费选择和消费行为是如何被社会阶层、性别、种族、家庭构成以及其他正式的社会群体所塑造的。在这一主题的研究中,消费者被认为是社会角色的扮演者。例如,Holt(1998)研究了不同社会阶层所具备的文化资本对消费选择所产生的系统性影响,Holt(2002)从历史的视角构建了消费者文化与品牌的辩证关系理论。

第四,大众媒体下的思想观念与消费者阐释策略。在这一主题中,消费者思想观念是指为了维护社会的主体利益而引导和培育消费者的想法和行为的意义系统。其核心研究问题是:商业媒体传播了哪些有关消费的规范性信息?消费者又是如何理解这些信息并形成批判性反应的?在这一过程中,消费者被视作阐释者(Interpretive Agents),而非只会被动接受的上当者。研究者借用符号学、文学批判以及媒体理论来分析大众文化文本(广告、电视节目、电影等)在理想生活方式和身份方面形成的诱导。例如,Thompson和Haytko(1997)研究了消费者是如何在时尚文化的洪流中形成自己个性化的时尚意义的。

以上四个研究主题只是大致的概括,不能完全涵盖消费者文化理论的所有研究。而且,四个主题之间也不存在绝对的界限,它们共同构成了整体的消费者文化理论研究传统。在同一个主题上,消费者文化理论的研究内容与实证主义哲学下其他范式的研究内容差异较大,因而消费者文化理论成为消费者研究中一个独特的知识体系。

3.4 消费者文化理论的研究方法

消费者文化理论相关研究理所应当地主要依靠质性研究方法,这是由其哲学基础和研究内容共同决定的。但在必要的时候也可能使用量化方法,并非从根本上对质性方法情有独钟(Arnould和Thompson,2005)。其基本精神是开展参与、互动式研究,并依赖于对文本和语言的分析。消费者文化理论的研究方法与实证主义哲学下的量化研究有很大的不同,具体表现在以下四个方面。

3.4.1 研究设计

在研究步骤与流程方面,消费者文化理论所依赖的质性研究强调自下而上的"数据到理论"模式,主要依靠归纳思维。也就是说,研究者先从现象中收集数据,然后通过数据分析与阐释"浮现"(Emerge)出理论。其研究问题和研究设计都是开放式的、动态演进的,包括再次收集数据的多次"迭代循环"过程。这不同于量化研究所遵循的自上而下的"理论到数据"模式(先有假设后验证)及其主要依赖的演绎思维。因而消费者文化理论研究需要包容不确质性,属于探索性研究。在抽样方面,消费者文化理论主要采取理论抽样或目的抽样(Goulding,2005),即持续不断地收集数据直到理论饱和为止。这不同于量化研究所依靠的概率抽样。消费者文化理论强调针对某个特定现象(文化群体或个人)展开深入研究,而不是浅层的大样本研究。

3.4.2 主要数据收集方式

与量化研究常用的实验法和问卷调查不同，消费者文化理论相关研究所采取的具体数据收集方式比较多样。根据研究现象的性质和研究目的，主要包括参与式观察、深度访谈、焦点小组讨论、田野研究以及现象学访谈、市场导向的人种志和网络志等。其中，现象学访谈（Thompson 等，1989）遵循了存在现象学哲学，致力于通过消费者的第一人称描述（First - person Description）来揭示个人生活情境下活生生的体验和意义。它强调无引导式访谈，即事先没有任何理论假设和问题，完全依赖于消费者对自身生活世界的纯粹描述。市场导向的人种志（Market - oriented Ethnography）（Arnould 和 Wallendorf，1994）是指对市场上的产品和服务所涉及的消费者行为进行人种志研究。它主要关注市场的社会文化意义，侧重于揭示某一特定群体在社会文化方面的行为方式。其特点在于对自然情境下的人类行为进行系统、全面的记录，它需要研究者的长期投入（Long - term Immersion）和体验式、参与式观察，以及数据来源和形式的多样化（Triangulation）。与消费者有关的日记、文档、网页、图片等文本，访谈录音，现场视频以及研究者自己的田野笔记都将成为研究数据。另外，网络志（Kozinets，2002）是指在线的人种志，适合对互联网上的社群和文化现象进行研究。与现实中的人种志一样，它需要研究者对在线社群（包括电子公告板、独立网页、新闻组、网络聊天室和论坛等）进行长期的参与式观察并开展在线访谈，但具有较简单、成本低、速度快的优势。

3.4.3 数据分析与阐释

数据分析与阐释是将收集来的质性数据转化为研究结果的推断过程，是保证得出高质量、有深度的研究结论和理论的关键环节。虽然数据分析和阐释同时进行且无法严格区分，但它们有着不同的功能，且各自有其传统的、常规的、严格的规则。

数据分析是对大量、整体、庞杂的质性数据进行分解和浓缩的过程，具体包括以下七项操作技巧（Spiggle，1994）：第一，类别化，即对数据进行归纳性的编码和分类。第二，抽象化，即从数据中提炼出更高层次的概念或主题。第三，比较，即在抽象化过程中对主题或概念进行持续、频繁的比较，从个体理解上升到交叉、共同、整体的理解，以使归纳更趋合理。第四，维度化，即对提炼出的主题和概念按照不同的性质附上标签。第五，整合，即努力得到一个具有整体结构的整合框架，它是实现概念飞跃的重要一步。第六，迭代，即在数据和理论之间循环往复、反复斟酌，从而使理论发现不断完善的过程。第七，反驳，即通过反面案例对理论进行批判和检验。值得强调的是，数据分析要以大量的、丰富的数据为基础，需要研究人员的独立阅读和反复阅读，而且这种阅读是从部分到整体并来回往复的过程（Holbrook 和 O'Shaughnessy，1988）。Spiggle（1994）还提到，以上操作技巧并非要按顺序进行，前五项是基本操作，后两项是选择性的。为了提高数据分析质量，最好进行系统、全面、彻底的分析，保存数据记录并清晰汇报整个数据分析过程。

阐释是赋予数据以意义从而确保理解现象的精髓的过程。它具有主观性、直觉性、特定性（Particularistic）和可呈现性特征，在经验证据（Empirical Evidence）的基础上依赖于研究者的专家意见、创造性、想象力、洞察力以及主观的直觉经验（Spiggle，1994）。阐释者本身就是"工具"（Researcher - as - instrument）。阐释的主要技巧是利用隐喻（Metaphor）。如果说数据分析形成了音符，那么阐释就是"让数据唱歌"。阐释者必须熟悉与研究主题相关的社会、历史、文化文献与理论，采用某种阐释视角并借鉴其他学科的理论来建构自己的理论（Arnould 和 Wallendorf，1994）。例如，Muniz 和 O'Guinn（2001）利用社群理论提出品牌社群概念以及 Founier（1998）利用关系理论提出品牌关系概念的研究都运用了这种技巧。另外，阐释是一个持续完善的过程，需要对新的问题和可能性持开放态度（Thompson，1997）。阐释小组的使用对阐释过程很有帮助，其优点在于能够避免某种已有假设或刻板印象。多人多视角有利于新颖观点的产生，也有利于缓解由大量工作和长时间工作导致的单调情绪（Thompson 等，1989）。需要指出的是，现象学阐释需要阐释者掌握信息提供者的个人情境和背景知识，以培养研究者自身的历史情境感，这有助于更好地理解消费者的叙事结构。最后，阐释研究在数据呈现和论文撰写阶段对写作工作要求较高，"写作即是分析"（Spiggle，1994）。

3.4.4 评价标准

由于量化研究的评价标准不适用于消费者文化理论（Wallendorf 和 Belk，1989），学者们逐渐形成了评价消费者文化理论范式下研究的多项标准，这进一步保证了相关研究的规范性。在研究过程的严谨性与可信性(Trustworthiness)方面，消费者文化理论研究要求长时间投入和数据来源多样化(Hudson 和 Ozanne，1988)，以及专家知识和受访者检查(Member Check)等(Arnould 和 Wallendorf，1994)。在研究结果方面，则主要考虑概念与理论的清晰性、可理解性、价值性、创新性，理论或主题与经验证据的一致性等(Spiggle，1994)。特别地，研究结果要有深刻见解(Insight)、深度分析(Deep Analysis)和翔实描述(Thick Description)(Thompson 等，1989)。

3.5 启示与未来研究方向

本章较宏观、系统地梳理并综述了消费者文化理论的历史渊源、哲学基础、研究内容和研究方法，论述了作为"另一种范式"的消费者文化理论是如何系统地区别于以实证主义哲学为基础的其他范式的。总而言之，以诠释主义为哲学基础的消费者文化理论鼓励研究者走进消费者的日常生活世界，通过参与、互动式的观察和倾听消费者自己的语言来理解和解释消费现象中的社会文化、体验、象征意义和思想观念。消费者文化理论已经成为推进消费者研究创新、丰富消费者理论的重要平台(Arnould 和 Thompson，2005)，许多具体研究内容和方法细节值得国内的消费者研究者进一步学习与研究。它对国内的消费者研究选题和方法具有极其重要的补充作用和借鉴意义，给我们的启示主要包括以下三方面。

3.5.1 倡导多样化的消费者研究

当前，国内的市场营销学者对学术研究现状提出了不少批评。他们指出，很多所谓的实证研究只重形式，披着"科学的外衣"，却缺乏创新和价值(韩巍，2011；孙继伟、巫景飞，2011)。而且，越来越多的学者意识到问卷、量表、实验等方法在研究消费体验等重要主题方面存在不足。因而我们应该破除"量化一定比质性好"的误区，摆脱对实证研究的盲目崇拜。事实上，质性研究已经摆脱了主观臆测、不科学的刻板印象(Goulding，2005)，也属于经验研究(Empirical Research)。我们应该鼓励做规范化的、严谨的、高质量的质性研究。另外，Brinberg 和 Hirschman(1986)将消费者研究分为学术型和应用型(管理者导向)，鼓励研究取向的多样化。我们也应该摒弃消费者研究“如果没有管理实践意义就没有价值”的误区，努力扩展选题范围，开展多样化的消费者研究。这也是消费者研究所具有的多学科基础性质的必然要求。随着社会学和人类学对消费者研究影响的日益增加（Belk，2002），消费者文化理论将在多样化的消费者研究中扮演重要角色。

3.5.2 构建本土消费者文化理论

知识的发展需要更多地关注理论建构过程（Bagozzi，1984），而且我们需要更多的以发现为导向的研究（Wells，1993）和现象驱动的研究（Lynch，2011）。在2012年的营销科学会议（JMS）上，会议主席鼓励研究者开展更多的本土研究以构建具有本土特色的营销概念和理论来解释国内发生的现象。因而我们应该更多地关注理论发现和创新，消费者文化理论在此过程中也必将发挥重要作用。我们要吸引具有社会学、人类学等其他学科背景的研究者加入消费者研究行列，从而更好地推进市场营销学科建设，促进健全、完整、丰富的学科知识体系的建立。

3.5.3 我国值得挖掘的消费者文化研究方向

在后工业社会和服务主导逻辑下，服务体验、消费体验、品牌体验、价值共创、品牌社群、文化创意产品等一系列研究热点都可以而且需要借用消费者文化理论范式进行研究（Arnould，2007）。另外，国内学者可以就消费者文化理论的四大主题内容开展本土研究。例如，在消费者身份方面，身处社会转型期的消费者是如何通过“买车买房”等行为来获取安全感并形成自己的中产阶层身份的？面对社会的急剧变化，消费者购买“回力”等老牌国货体现了怎样的怀旧情结？在国家迅速发展壮大和民族主义上升的大背景下，消费者又是如何理解购买国货的意义的？在市场文化方面，多种多样的消费者群体正在形成，消费者对苹果、哈雷等国外品牌的追捧和狂热体现了怎样的消费者文化？90后消费者热衷于对漫画人物的角色扮演又表现出怎样的消费亚文化？在消费的社会历史模式方面，文化资本是否会对我国消费者的消费产生结构性影响？在大众媒体下的市场意识形态与消费者阐释策略方面，当下流行的主旋律影视剧和红色旅游究竟对消费者意味着什么？他们又是如何理解并体验红色文化的？这些问题都有待消费者文化理论研究者给出答案。

4 品牌崇拜的概念和维度研究

4.1 问题的提出

当今消费者的口味越来越多变，品牌转换行为日趋频繁，企业要想获得持久的品牌忠诚越来越难。然而，那些令人敬畏的消费品品牌（如苹果、哈雷、特斯拉、迪士尼）、奢侈品品牌（如路易威登、古驰）、体育俱乐部品牌（如曼联）、文化品牌（如星际迷航）以及专业级高端品牌（如施坦威钢琴）却始终拥有一群忠实的粉丝和信徒。

在具体的行为表现上，粉丝们信奉该品牌所倡导的价值理念，坚定地支持和拥护该品牌，而且鄙视和反对其他竞争品牌；他们不满足于拥有该品牌的一款产品，而是喜欢尽可能多地收藏所有经典型号，并成群结队地追捧该品牌推出的新产品；他们不仅定期聚会并热心参与品牌社群的各项活动，还长期活跃在该品牌的网络社群中关注和讨论有关该品牌的各种消息，无论是官方信息还是民间谣言；他们将该品牌的徽标印在胳膊或衣服上以显示自己独特的"身份"，并热衷于向他人分享自己与该品牌的故事。例如，国内的苹果粉丝们称自己为"果粉"，奉乔布斯为自己的偶像并称他为"乔帮主"。他们认为苹果是一家伟大的公司，是创新精神的象征。他们敬仰苹果这个品牌，在线上和线下都拥有无数的MUG（Mac User Group）社群。他们喜欢聚在一起钻研苹果电脑的使用技巧并分享快乐。每当苹果发布新产品时，他们总是从全国各地集结至苹果专卖店排队进行抢购，并为能够率先使用上苹果的最新产品而感到骄傲。同样，哈雷摩托的车友俱乐部里聚集着许多忠实的哈雷迷。他们敬仰"自由、独立与粗野"这一哈雷精神，喜欢按照自己的喜好来改装自己的爱车；他们统一身着黑褐色的哈雷夹克、头巾、墨镜和皮靴,与社群里的志同道合者成群结队地巡航在乡间小路上,尽情追求他们对于自己的生活方式的信仰。

近年来,针对品牌的粉丝群体、敬畏感和神圣化的新现象和相关研究成为国内外品牌研究学者关注的前沿课题。粉丝消费行为理论(Holbrook, 1987; Pimentel and Reynolds, 2004)认为,相对于普通消费者,忠实粉丝对品牌极度热诚并具有一种近似崇拜般(Cult - like)的狂热情感,在经济、时间和情感方面都有着超常投入,因而被类比为“品牌崇拜”(brand cult, Belk and Tumbat, 2005)。学者们发现,消费者会对某些品牌表现出一定程度的崇拜性(Religiosity, Muniz and Schau, 2005)和敬畏感(Aaker et al. , 2012; Zhou et al. ,2016),使得品牌被神圣化(Sarkar et al. , 2015)。因而,Chung et al.(2005),Wilson 和 Liu(2010)提出了品牌崇拜(Brand Worship)这一新概念。他们认为,忠实粉丝与某些品牌之间的关系已经明显超越了品牌依恋(Park et al. , 2010)和品牌至爱(Carroll and Ahuvia, 2006; Batra et al. , 2012)这样的世俗情感依恋关系,而开始具有了某些崇拜性特征。然而,以往的研究主要侧重于发现和描述这一新现象,并未对品牌崇拜的概念内涵和维度进行充分界定,因而未能从消费者品牌关系的角度揭示忠实粉丝与其热衷的对象品牌之间的关系性质和特征。那么,究竟什么是品牌崇拜?它具有哪些维度?它是否明显区别于品牌依恋和品牌至爱?

以苹果品牌的忠实粉丝为研究对象,本章通过网络志方法收集其网络粉丝社群的网帖作为质性数据,采用崇拜性维度理论对数据进行分析和解释,从而界定品牌崇拜的概念和维度。本研究尝试通过经验数据来探索并证实品牌崇拜的存在,以揭示忠实粉丝与其热衷的对象品牌之间的关系性质和特征,从而对现有的消费者品牌关系理论进行补充和拓展。本研究将为中国的营销实践者建立强大品牌和培育忠实粉丝提供启发和建议。

4.2 文献综述

本部分将对与品牌崇拜相关的已有理论文献进行综述和梳理,主要包括消费者—品牌关系、品牌神圣化和品牌崇拜。在搜索全篇文献资料的过程中,笔者使用了 EBSCO,JSTOR,Proquest,Emerald 等常用英文数据库,中国知网的期刊数据库和优秀硕、博士学位论文数据库以及 Google 学术检索等工具,从而保证了文献搜索的全面性和高质量。

4.2.1 消费者—品牌关系理论

由于本书将品牌崇拜定位于消费者—品牌关系领域的新概念,有必要首先对该领域已有的重要概念及其理论文献进行回顾和总结,从而指出已有文献的不足,以凸显本书提出品牌崇拜的必要性。

消费者—品牌关系一直是消费者行为与品牌管理领域的研究重点。近十几年来,学者们持续不断地提出了一系列重要概念来探讨消费者与品牌关系的性质和强度,取得了一系列重要成果。每个概念都有不同的构成要素,其中品牌依恋和品牌至爱是与品牌崇拜紧密相关的概念,因而需要对它们进行重点综述。

第一,品牌关系质量。Founier(1998)首次将人际关系理论应用于品牌领域并提出了品牌关系(Brand Relationship)的概念。她通过三个深度访谈案例证实了消费者和品牌之间存在着许多不同种类的情感关系,如包办婚姻、一般朋友、忠诚伙伴、好朋友、亲戚、儿时玩伴以及敌人等。进而,她提出了品牌关系质量(Brand Relationship Quality)的概念来衡量消费者—品牌关系的强度。Founier(1998)的品牌关系质量包含爱与激情、自我关联、承诺、相互依赖、亲密和品牌伙伴质量等六个维度,如图 4-1 所示。这一开创性研究成果为后来的消费者品牌关系研究奠定了基础,随后许多学者开始利用这一概念展开研究,如 Smit et al. (2007)的研究显示,品牌关系质量对于实现与消费者的个人接触很有用处,即品牌关系质量越强,消费者对自己隐私的保护意愿越低。

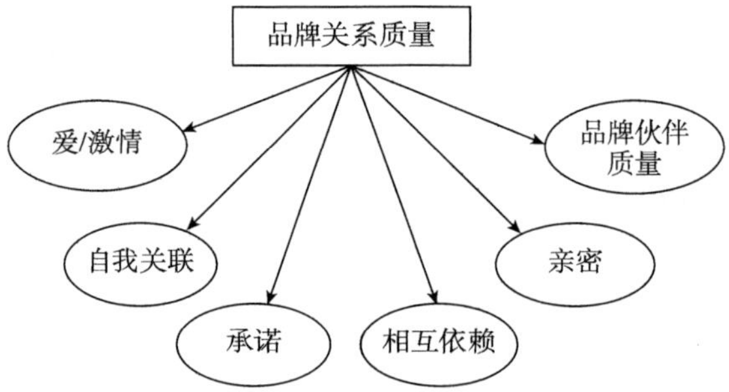

图 4-1 品牌关系质量的维度

资料来源:Founier(1998)。

第二,品牌社群。基于社会学中的社群理论,Muniz 和 O'Guinn(2001)创造性地提出了品牌社群(Brand Community)这一概念。按照他们的定义,品牌社群是某个品牌的仰慕者(Admirer)基于彼此结构化的社会关系而形成的一种专门化的、不受地理限制的社群。与传统社群一样,品牌社群具有共同意识(Shared Consciousness)、仪式与传统(Rituals and Traditions)和道德责任感(Moral Responsibility)三个重要特征。进而,McAlexander et al.(2002)对品牌社群展开了进一步的深入研究,并提出了品牌社群融合(Integration in Brand Community,IBC)的概念。它的四个维度及其具体测量项目包括:拥有者—产品关系(喜爱和乐趣)、拥有者—品牌关系(难以替代的、高质量)、拥有者—公司关系(对消费者需求的理解、对消费者意见的关心)和拥有者—拥有者关系(良好关系、亲属感、兴趣)。品牌社群的提出打破了以往研究所认为的个人与品牌单独形成关系的认识,而是强调多个消费者会围绕同一品牌形成一种网状的复杂关系(见图 4 -2),这使得品牌社群迅速成为品牌研究的热点。

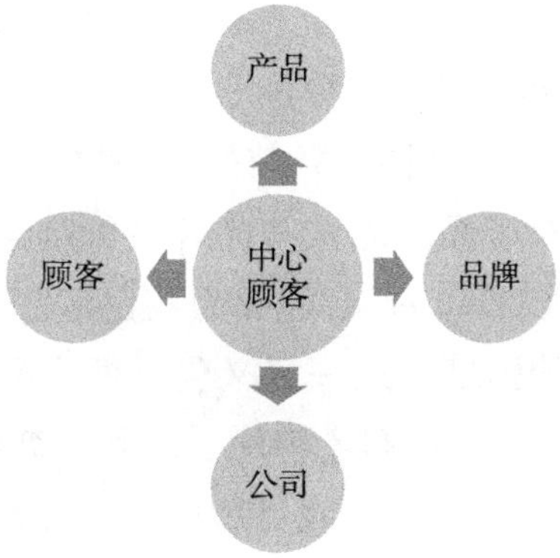

图 4 -2 以顾客为中心的品牌社群模型

资料来源:McAlexander et al.(2002)。

第三,自我品牌关联。Escalas 和 Bettman(2003)发现参考群体(Reference Group)的品牌选择对消费者有着显著影响;消费者会利用品牌来定义和建立自我概念(Self - concept),因而他们提出了自我品牌关联(Self - Brand Connection)的概念,其具体测量项目包括:反映自我、识别、个人联系、自我展示、自我肯定、自我认同、合适等。随后,Chaplin 和 John(2005)专门针对儿童和青少年研究了他们如何产生自我概念并形成自我品牌关联的方式。另外，Moore 和 Homer（2007）的研究显示，自我品牌关联能够显著影响消费者对品牌的评价以及态度强度。

第四，品牌信任。Ballester 和 Aleman（2001）通过实证研究发现，消费者对品牌的信任能够显著影响他们对品牌的满意和忠诚，尤其是当出现高程度的消费者浸入（Consumer Involvement）时，品牌信任在产生消费者承诺的过程中扮演着重要角色。由此，他们的研究将品牌信任引入了消费者—品牌关系领域。随后，Ballester, Aleman 和 Guillen（2003）专门开发了一个多维度的品牌信任量表（BTS），包括品牌依赖度和意向两个维度。该量表的信度和效度均得到了良好检验。该研究还对品牌信任与品牌忠诚和整体满意度的关系作了分析。另外，Chaudhuri 和 Holbrook（2001）的研究发现了品牌信任对品牌喜爱（Brand Affect）和品牌绩效的链条效应，而品牌忠诚在这一过程中起到了中介作用。

第五，品牌依恋。Thomson, MacInnis 和 Park（2005）提出的品牌依恋（Brand Attachment）是消费者—品牌关系领域被很多学者广泛研究的重要概念之一。他们认为，品牌依恋是指消费者对于某个品牌所产生的情感依恋。该研究发现，品牌依恋的维度及其具体测量项目分别是：喜爱（深情的、热爱的、平静的、友好的）、联结（依附的、联结的、联系的）和激情（激情的、愉悦的、迷住的）。品牌依恋对于品牌忠诚和品牌溢价都具有明显的正向作用。作为对前一项研究的补充，Park et al.（2006）将品牌依恋定义为自我与某个品牌的认知和情感联系的强度。这一定义包含两个要素，即自我与品牌的连结以及认知和情感的联系。他们还构建了品牌依恋的影响因素和作用结果的概念框架，如图 4-3 所示，即自我品牌联系对品牌依恋强度、品牌承诺和实际行为的影响链条。

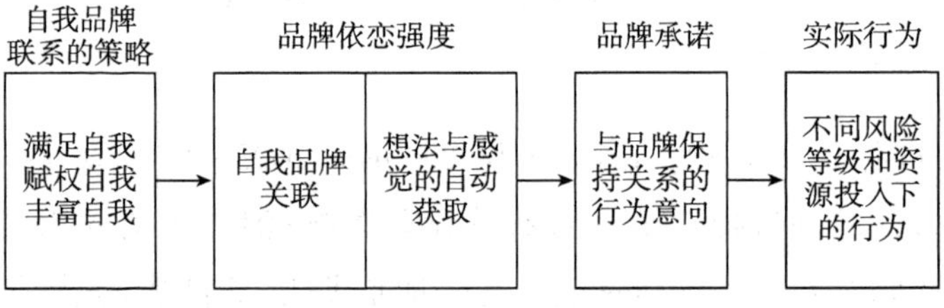

图 4-3 品牌依恋模型

资料来源：Park et al.（2006）。

另外，Park et al.（2010）将品牌依恋与品牌态度强度（Brand Attitude Strength）两个概念区分开来，重新开发了品牌依恋测量项目，认为品牌依恋具有自我品牌关联和重要性两个维度；品牌依恋和品牌态度强度共同作用于消费者的购买意向、实际购买行为、品牌购买份额以及需求份额。

在国内，品牌依恋也吸引了一些学者的注意和研究。姜岩和董大海（2008）专门对品牌依恋的相关文献进行了较为系统的梳理，认为品牌依恋是联结品牌与消费者自我的认知和情感纽带。他们对不同学者所定义的品牌依恋概念及其构成要素进行了归纳（见表4－1），分析了品牌依恋的形成机理与行为表现，也提出了未来的主要研究方向。此外，田阳等（2010）通过实证研究构建了虚拟品牌社群特征对顾客体验和品牌依恋的影响关系模型，证实了品牌社群活动通过体验对品牌依恋产生显著的正向作用。

表4－1　不同学者对品牌依恋的定义及其构成要素

研究者及年份	概　念	构成要素
Park，MacInnis 和 Priester（2006）	联结消费者自我与品牌的认知和情感纽带	品牌—自我关联性、认知和情感纽带
Thach 和 Janeen（2006）	消费者与品牌之间形成的情感联系	单维度
Mcewen（2005）	消费者与品牌之间形成的一种总体性情感联系	信赖、诚实、自豪和热情
Thomson，MacInnis 和 Park（2005）	个人与特定对象（如品牌）之间一种富有情感的独特纽带关系	感情、热情、关联
Critau（2001）	消费者对品牌的情感和依赖	情感、依赖
Heilbrunn（2001）	消费者与品牌之间的情感关系	享乐、认知、人际关系、怀旧情结、自我表达、关系持久性
Lacoeuilhe（1997 和 2007）	消费者对品牌的情感态度是对产品属性的一种整体反映，表现为心理贴近并导向持久关系	单维度

资料来源：姜岩和董大海（2008）。

第六，品牌至爱。Carroll 和 Ahuvia（2006）所提出的品牌至爱（Brand

Love)是与品牌崇拜最为接近的消费者—品牌关系概念。作者指出,满意消费者对于那些提供享乐和象征价值的品牌或者自我表达型品牌更容易产生一种充满激情的情感依恋;而且这种品牌至爱对于品牌忠诚和积极口碑具有显著的正向作用。但是,他们对于品牌至爱的内涵和维度划分稍显简单。随后,Albert, Merunka 和 Florence(2008)通过定性和定量相结合的方法进一步探索了品牌至爱的概念和维度,对前一项研究进行了完善。他们最终将品牌至爱划分为激情、长久、自我一致性、梦想、记忆、愉悦、吸引、独特、美感、信任、喜爱的表白、功能感知、承诺、康乐、依恋等维度。另外,Bergkvist 和 Larsen(2010)通过对六个品牌的数据研究了品牌至爱的前置因素和后果。结果表明,社群感和品牌认同显著地影响品牌至爱,而且品牌至爱对品牌忠诚和消费者的积极参与产生了显著的积极作用。作为品牌至爱方面的最新研究成果,Batra et al. (2012)通过扎根理论的方式对品牌至爱的前因和后果做了进一步探索。结合结构方程模型分析,他们的研究最终发现品牌至爱包含激情驱动的行为、自我品牌融合、积极情感联系、长期关系、预期的分离沮丧感、显著态度、确定感和信心等七个维度;质量信念成为品牌至爱的前置因素;品牌忠诚、积极口碑、消极信息抵抗成为品牌至爱的结果变量。

在国内,品牌至爱也吸引了许多学者的兴趣和研究。张立荣等(2007)最早对品牌至爱的相关国外文献进行了梳理和综述。他们认为品牌至爱是建立在品牌依恋、消费者—品牌关系和自我扩展理论的基础之上的,对品牌至爱、品牌情感和品牌忠诚等相近概念进行了辨析,也提出了品牌至爱的研究方向和建议。杨德锋等(2010)的研究显示,非凡的品牌体验能够促进消费者的社会关系构建、自我展示和品牌至爱的形成;自我展示和娱乐享受能够正面地影响品牌至爱。杨德锋等(2012)从品牌特性和消费者自身特点这两方面对品牌至爱的形成机制展开后续研究。他们发现,品牌独特性对自我扩展具有重要影响,而品牌借用倾向于负向调节品牌质量对品牌至爱的影响;同时,物质主义价值观正向调节品牌卓越对品牌至爱的影响。金明(2011)以运动鞋为例,在其博士学位论文中对品牌至爱的结构维度、影响因素和对品牌忠诚的作用机制进行了研究。他发现,品牌至爱具有品牌满意与信任、品牌激情和品牌依恋三个维度;品牌体验、品牌与消费者自我概念的一致性这两个因素对品牌至爱有显著影响;品牌至爱各维度对品牌忠诚均有直接作用;在品牌至爱对品牌忠诚的作用机制中,品牌敏感是中介变量,享乐消费价值观和产品价格是调节变量。另外,卫海英和骆紫薇(2012)基于社会互动的视角,运用释义学方法对消费者爱上品牌的社会心理过程进行了探索性研究和较为系统的分析,提出了品牌至爱的三种生成机制,即社会助长生成品牌激情、社会比较和社会交换生成品牌吸引、社会依恋生成品牌承诺。

通过对以上消费者—品牌关系领域的主要概念及其相关文献的梳理和综述可以看出,学者们对消费者—品牌关系的性质和强度的研究一直保持着较高的活跃度,从 20 世纪 90 年代开始至今始终是品牌管理领域的热点话题。这些概念和理论的相继提出为深入了解消费者与品牌之间的关系、识别品牌关系的影响因素,进而提升消费者的品牌忠诚度提供了坚实的理论支撑。

纵观这些概念的维度和构成要素(见表 4 –2),可以看出,消费者与品牌的关系研究从侧重认知逐渐走向侧重情感,其概念内涵不断得到充实和丰富,关系强度也随之增加。

然而,学者们对消费者—品牌关系的研究始终没有脱离情感范围,尚未拓展到消费者的信念和精神领域。当前,学者们的研究和现实中的消费实践都表明,对于品牌的狂热粉丝来说,品牌已呈现出神圣化倾向,粉丝的情感和行为都呈现出比较狂热的状态。因而消费者—品牌关系理论需要及时反映忠实粉丝与品牌之间的特殊关系,这也正是本研究的必要性所在。

表 4 –2　消费者—品牌关系领域的主要概念及其测量项目

概念	定义	测量项目或维度	相关论文作者
品牌关系质量	品牌关系的深度与强度	爱/激情、自我关联、承诺、相互依赖、亲密、品牌伙伴质量	Fournier (1998)
品牌社群	消费者—品牌—消费者的二联体	共同意识、仪式与传统、道德责任感	Muniz and O'Guinn (2001)
品牌社群融合	顾客与产品、品牌、公司和其他顾客所形成的网状依恋	喜爱、乐趣、难以替代的、高质量、需求理解、意见关心、良好关系、亲属感、兴趣	McAlexander et al. (2002)

续表

概念	定义	测量项目或维度	相关论文作者
自我品牌关联	个体将某个品牌融入其自我概念的程度	反映自我、识别、个人联系、自我展示、自我肯定、自我认同、合适	Escalas and Bettman(2003);Chaplin and John(2005)
品牌信任	消费者在有风险的情况下对品牌产生的信赖感	品牌信赖感和品牌意向	Ballester and Aleman(2001);Ballester, Aleman and Guillen(2003)
品牌依恋	个人与某个品牌所产生的有具体指向的、情感的联系	深情的、热爱的、平静的、友好的、依附的、联结的、联系的、激情的、愉悦的、迷人的	Thomson, MacInnisand Park (2005); Park, Macinnis and Priester (2006); Park et al. (2010)
品牌至爱	满意消费者对某些特定品牌所产生的充满激情的情感依恋	激情、长久、自我一致性、梦想、记忆、愉悦、吸引、独特、美感、信任、喜爱的表白、功能感知、承诺、康乐、依恋	Carroll and Ahuvia (2006); Albert, Merunka and Florence(2008)

资料来源：笔者根据相关论文整理。

4.2.2 品牌的神圣化

市场营销是一门非常依赖实践的学科，因而许多重要的营销概念最开始都源自营销实践者的探讨，随后才被营销学者们注意到并展开深入、严谨的理论研究，如品牌关系、品牌社群和品牌至爱等概念的发展过程都是如此，品牌崇拜也不例外。本部分将重点对品牌的神圣化方面的理论文献进行综述，也包括对少量直接探讨品牌崇拜的一些文献进行梳理。

2001 年以来的十年中，《商业周刊》《福布斯》《金融时报》等国际著名的商业媒体都陆续刊出文章探讨商业品牌所逐渐呈现出的某种神圣化特征。Wells(2001)和 Holmes 等(2004)都以崇拜型品牌(Cult Brand)为题目发表了营销评论。他们都发现，诸如 Mac，Linux，Harley - Davidson，Mini，Beetles，

Star Trek 等品牌虽然只具有相对小众化的市场，却拥有许多极度热诚、忠实的、教徒式（Cult－like）的品牌狂热者，并形成了诸多强有力的社群，从而取得了崇拜型品牌的地位。Lagace（2002）具体描述了这些品牌狂热粉丝的行为。他发现，苹果品牌的粉丝真正崇拜（Adore）这个品牌，而且非常有激情。一旦公司作出了他们不满意的决策，他们便会向公司不断地投诉和抱怨，并勇于提出他们自己的建议。品牌使他们与众不同，并给予了他们一种特殊的身份。

Ragas 和 Bueno（2002）以及 Atkin（2004）分别以“崇拜型品牌”为题目发表了各自的著作。大体上，他们认为崇拜型品牌具有独特的理念并享有排他性的追随者。他们在书中详细论述了创立崇拜型品牌的途径，包括建立归属感、创立者的勇气与决心、营造生活方式、培养品牌传道者、建立品牌社群以及促进个人自由等。

由于苹果品牌是这类品牌的典型代表，Kahney（2004）对苹果的“麦可机崇拜（The Cult of Mac）”进行了深入调查和研究。他发现，麦可机的狂热者都是十足的技术崇拜者（Techno Fetishism），而且麦可机的反主流文化形象深得他们的喜爱，再加上他们对于苹果品牌创始人乔布斯的崇拜情结，这些品牌狂热者都自觉成为苹果品牌的传道者（Evangelist），将苹果的品牌徽标作为刺青印在自己的身体上以表达他们对于苹果品牌的热爱和崇拜。随后，Kahney（2005）对苹果的“iPod 崇拜（The Cult of iPod）”也进行了调查研究，发现 iPod 的突破性创新和苹果的一系列营销方式是其成功的重要原因，使得 iPod 成为年轻人的时尚标志。

另外，Chadha 和 Husband（2007）专门研究了亚洲消费者对于奢侈品品牌的热衷、痴迷和崇尚，并称其为“奢侈品品牌崇拜（The Cult of Luxury Brands）”。他们分析了路易威登皮包对于消费者的意义，也对中国消费者对阿玛尼品牌的热衷进行了描述和解释。最后，他们从社会媒体传播的角度提出了奢侈品崇拜的形成模型，如图 4－4 所示，即首先使用社交网络、媒体和故事等工具，然后邀请名人和时尚编辑等重要人物进行代言，从而制造媒体风靡和热点话题，最终使之被大众市场所接受，形成一个奢侈品崇拜。

Dumoulin（2003）认为，身份和归属感是人类的根本问题。由于一些品牌蕴含着一系列清晰而持续的信念，它们已经成为消费者心目中的精神模型（Spiritual Models）和图腾。他进一步指出，品牌起始于人们对功能和外在需求的满足，而以后更需要去满足人们更深层次的情感和精神需求。Lindstrom(2006)认为品牌营销应该尝试建立起一种终极的消费者—品牌关系和品牌仰慕(Brand Admiration)。其具体的策略包括建立归属感、清晰而连贯的愿景、从竞争对手吸取力量、真实性、追求品质的完美、符号、神秘感、传奇故事、仪式行为以及感官体验等。最后，Financial Times(2001)和Lindstrom(2008)都认为它们成功的关键在于向消费者提供一种信念和象征意义，因而也可被称为"信念型品牌(Belief Brands)"。

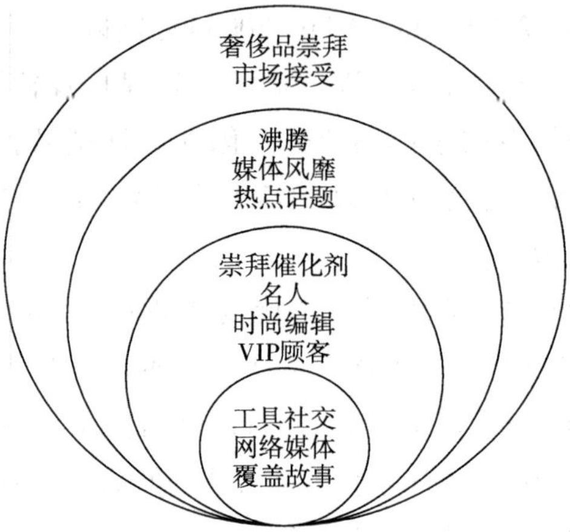

图4-4　奢侈品崇拜形成模型

资料来源：Chadha and Husband(2007)。

崇拜型品牌的概念被提出并广泛探讨后，得到了学者们的积极响应。许多学者开始对品牌的神圣化特征展开深入而严谨的研究。通过对苹果麦可机(Macintosh)品牌社群的影像志(Videography)和深度访谈，Belk和Tumbat(2005)发现该品牌社群中流传着有关苹果公司的一些传奇和神话故事，包括该公司的诞生传奇、其CEO史蒂夫·乔布斯的英雄传奇、苹果品牌的斗魔传奇(苹果粉丝将IBM、微软等竞争对手视为"恶魔")以及乔布斯力挽狂澜的复活传奇等。这些神话般的传奇故事使得苹果品牌在其粉丝心目中神圣化(Sacralization)，粉丝们变成了苹果品牌的忠实信徒，因而作者称其为"品牌崇拜(Brand Cult)"。

与此同时，Muniz和Schau(2005)对苹果品牌的牛顿掌上电脑社群的研究发现，粉丝们在牛顿掌上电脑上都曾有过超自然的、神秘的经历和故事，从而使该品牌社群显示出一种前所未有的神秘色彩。为了进一步研究品牌和神圣之间的关系，Shachar 等（2011）通过采集州和个体两个层面的大样本的数据进行了实证研究。研究结果显示，在那些可以通过品牌表达自我价值（Self－worth）的产品类别（如衣服）中，消费者是否信教与他们对品牌的依赖度（Brand Reliance）呈负相关；自我价值的表达在这一负向关系中具有重要作用。也就是说，品牌在一定意义上可以替代宗教成为人们表达自我价值的工具。

此外，Matzler 等（2007；2009）的两项研究发现品牌的狂热粉丝都是很有知识的品牌专家，而且会很有激情地将自己热爱的品牌推荐给他人，因而他们提出了“品牌传道（Brand Evangelism）”这个概念。品牌传道虽然和积极口碑（Positive WOM）没有本质上的区别，但表现出了更具热情的语言风格和情感激烈性，突出了品牌的神圣特征。他们的研究还发现，具有外向和开放性格的消费者更容易产生品牌激情（Brand Passion），进而对品牌传道有着显著的正向作用。

Belk 等（1989）对消费的神圣化现象进行了深入阐释。他们认为，人们日常的消费存在“世俗的”和“神圣的”两方面，而且它们是相互交织在一起的。他们发现，消费的神圣主要表现在一些特殊的地点、时刻、有形事物、无形事物、人物、体验等方面；所有物获得神圣化地位的途径和过程包括仪式、朝拜、精粹圣物、送礼、收藏、遗产和外部制裁等。这一极其重要的经典论文首次将日常消费和神圣结合起来，开启了学术界对于消费的神圣化现象的探讨。随后，许多学者的研究表明，作为现代消费重要标志的品牌也可以通过一些途径在消费者心目中取得神圣化（Sacralization）的地位。

Lam（2001）通过对苹果品牌的麦可机狂热者（Mac Enthusiasts）的深度访谈和对内部杂志（MacAddict Magazine）的文献研究发现，麦可机狂热者将麦可机当作一个“反思媒介（Reflective Medium）”，并在电脑科技快速变革的背景下寻找意义，将自我与麦可机之间的关系神圣化。作者指出，麦可机的追随者仿佛构建了一个人类与科技和谐工作的“乌托邦式未来”，具有集体的精神体验，对麦可机有着强烈的信念。

维森特（2004）在他的《传奇品牌》（*Legendary Brands*）一书中对一些具有传奇神话故事的品牌进行了研究。他认为，品牌神话（Myth）利用品牌叙事传达一种世界观，以及一系列超越商品使用功能和认知产品特征的“神圣信念”；从人类学的角度看，信仰、故事及赞同这些信仰和故事的社团形成了一个循环系统,从而构成了传奇品牌这一非凡现象。

Bengtsson, Ostberg 和 Kjeldgaard(2005)通过网络志和深度访谈的方法对文身亚文化群体进行了研究。他们发现,虽然传统的文身文化不主张将商业品牌符号和形象作为文身,但一些品牌狂热粉丝仍然乐意将自己仰慕的品牌符号(如苹果、耐克、哈雷等)刺在自己身体上形成品牌文身(Brand Tattooing)。他们借此来显示自己的社群身份,并与品牌保持一个亲密的、激情的关系,甚至将品牌奉为神圣的地位。

Schau 和 Muniz(2006)通过对苹果的牛顿掌上电脑粉丝社群长达四年的跟踪研究,收集了该社群中许多文字的、口头的用户生成内容(User - created Content)。他们发现,该社群中充满了粉丝们与牛顿掌上电脑的具有神秘色彩的故事叙述(Storytelling),粉丝们正是通过这些故事将牛顿品牌神圣化。与此相似,Kniazeva 和 Belk(2007)通过研究发现,食品的外包装也可以通过故事叙述向消费者传递神秘主题,从而人为地制作市场神话故事(Marketplace Myth),使品牌传奇化和神圣化。他们还展示了一家公司如何叙述新神话的过程和理论框架,包括传统神话、新市场神话、意义嵌入、消费者授权(Empowered)和尊贵化(Ennobled)以及消费者个人神话等。

Eagar(2008)的一项探索性研究发现,Discworld 品牌社群中充满了关于某个英雄的神话传奇(Brand Hero Mythology)。这些传奇故事形成了整个社群对于该品牌关系的基础,包括品牌英雄的诞生传奇、经历传奇以及死后的传奇等。这一研究启示在于,营销者应该通过品牌英雄的传奇故事来塑造英雄的正义感,从而激发粉丝对于品牌的热情和神圣感。Eagar(2009)专门就品牌、品牌英雄和品牌社群的关系作了说明,认为它们之间存在交集,是相互融合的。而且,品牌英雄能够在很大程度上增强品牌和品牌社群的可信度。

Jenkins(2008)的研究指出,苹果 iPod 利用符号学技巧所制作的商业广告使得该品牌形象具有了很强的象征意义,使观众产生一种“沉浸体验(Immersive Experience)”并调动观众的热情。通过这种仪式效应,iPod 被转变为一个象征符号,为商品附加上了一种特有的崇拜价值(Cult Value)。

最后,Campbell 和 Pastina(2010)从媒体传播的角度对苹果品牌的 iPhone 实现神圣化的过程进行了深入研究。他们发现,粉丝们运用了类似宗教的语言和形象来描述手机科技,而且神话故事被植入粉丝们的日常叙述之中。再加上科技粉丝博客、新媒体以及商业广告之间所产生的文本交互性(Intertextuality)和信息流通,iPhone具有了神圣化(Divine)的意义,被粉丝们称为"上帝的手机(Jesus Phone)"。

因此,根据已有的研究文献,品牌可以通过神话传奇、故事叙述、品牌文身、商业广告、媒体传播、英雄人物以及文化等诸多途径在粉丝心目中具有神圣化的特殊地位。

4.2.3 品牌崇拜

正是由于品牌神圣化方面研究的兴起,Chung等(2005)在探讨品牌的狂热粉丝行为时提出了品牌崇拜(Cult - like Worship of Brand)的概念。他们认为,品牌崇拜就是指狂热粉丝对于品牌的仰慕,而且品牌崇拜与终极忠诚(Ultimate Loyalty,Oliver,1999)状态是紧密相关的。他们建议学者们对品牌崇拜和消费者狂热进行深入研究,探寻粉丝狂热的原因,从而为理解品牌忠诚提供新的视角。

在国内,鉴于品牌崇拜研究的前沿性和挑战性,对品牌崇拜的探讨还仅限于营销实践者。例如,吴颖(2007)通过对现象的观察,认为品牌应该精心策划神秘感来建立品牌狂热度,培养品牌的忠实粉丝。杨育谋(2006)认为品牌崇拜是指建立在消费者视作自己拥有该品牌的某些特权(话语权、建议权等)的基础上,为所爱品牌自我设立的一套规定明确、实施严格的价值体系。他还指出,信徒(消费者)将该品牌提供的物质、精神、个性等方面的满足自觉地向其他消费者推介,同时还积极参加该品牌举办的各种活动,并为自己是某品牌的追随者而感到骄傲。值得一提的是,著名品牌咨询专家李光斗(2009)在其《品牌拜物教》一书中提出,品牌崇拜是品牌经营的至高境界;品牌和宗教有着天然的相似性。

综上所述,品牌神圣化方面的研究首次将品牌与崇拜性相联系,是反映近些年来品牌实践的最新研究成果,也是对品牌管理研究的重要贡献。然而,由于这方面的研究刚刚起步,而且大多停留在对现象的发现和描述上,尚没有学者从消费者—品牌关系的视角来研究它。尽管国内外的营销实践者和学者们都意识到品牌崇拜现象的存在及其重要意义,可是品牌崇拜的概念内涵和具体维度特征一直不清晰,缺乏严谨的学术研究和界定。刘伟和王新新(2011)通过对粉丝消费行为相关理论的回顾和述评,在国内首次关注到了品牌崇拜问题。他们探讨了粉丝狂热消费行为的重要意义，并为未来研究方向提供了具体建议。

4.3 研究设计

本研究旨在界定品牌崇拜这一新概念的内涵和维度，属于针对某个特定文化群体现象的探索性研究。为了增进对该现象的理解并提供洞见，作者遵循消费者研究中的消费者文化理论范式（Consumer Culture Theory）（Arnould and Thompson, 2005），通过网络志收集质性数据并对其进行分析和解释（Hermeneutic Approach），从而构建理论（刘伟、王新新，2013）。

4.3.1 研究对象与数据收集

参考以往该领域学者的研究方法（Belk and Tumbat, 2005; Muniz and Schau, 2005），如果某个案例属于少有、罕见的特殊现象或不寻常的极端案例，会产生具有重要意义的理论补充并揭示旧理论的缺失，就可以选择单案例研究（Siggelkow,2007）。而且，消费者文化理论强调对特定文化群体现象的深度揭示，因而本书选择苹果品牌这个典型的崇拜型品牌（Ragas and Bueno, 2002; Atkin, 2004）作为研究对象。由于苹果粉丝聚集在不同的在线社群中，考虑到可接近性和便利性，本书选择网络志（Netnography, Kozinets, 2002; 2010）作为数据收集方法。网络志是在线的人种志，适合对互联网上的社群和文化现象进行研究，需要研究者对在线社群（包括电子公告板、独立网页、新闻组、网络聊天室和论坛等）进行长期的参与式观察并开展数据收集，具有经济、快捷等优点（贺和平、刘雁妮和周志民，2014）。

根据 Kozinets（2002; 2010）所要求的网络志操作步骤和原则，本书的具体数据收集过程包括以下步骤：

第一，搜索。首先通过搜索引擎找到苹果品牌的诸多中文在线社群。

第二，筛选研究站点。在众多在线社群中，按照粉丝人数、帖子的数量、社群活跃性、与研究主题的相关性等标准对在线社群进行筛选，最终留下符合本研究要求的在线社群作为研究站点（详见表 4 -3）。

第三，准入。联系各社群的管理员并说明自己的研究意图。在获得准许后，注册了各社群的账号并进入各网络社群中。

第四,参与式观察。在准入后的三个月时间里,浏览历史网帖和每天更新的网帖,像其他粉丝一样点赞、回复、互动,但不提出任何与本研究相关的问题。一方面,对大量网帖资料的阅读使笔者更加熟悉该社群的讨论内容和粉丝们的观点;另一方面,使用了 Kozinets(2010)所建议的贡献策略(Offering Strategy),即通过向该社群不断贡献有价值的网帖内容来博得其他粉丝的支持和喜爱,从而与他们建立信任关系,被他们接纳成为一个真正意义上的社群文化成员(Cultural Member),为后续的访谈奠定情感基础。

第五,收集文档数据(Archival Data)。在这一阶段,开始正式收集与本研究主题紧密相关的文本数据。收集网帖 1067 个,整理后的 Word 文档有 91 页(五号字,1.5 倍行距),字数 47865,共 607KB,网帖的发帖时间是从 2010 年至今。按照消费者文化理论范式的一般要求,本研究采用理论抽样,即根据研究目的持续不断地收集数据直到理论饱和、满足理论建构的要求为止(Goulding, 2005)。

表 4-3 苹果在线社群研究站点概况

社群类别	社群名称	粉丝人数	收集帖子数
百度贴吧	乔布斯吧	17774	551
	Applewatch 吧	35429	136
	苹果吧	394882	125
QQ 群	Apple Watch 吧	649	134
	为梦想而生	69	65
网络论坛	苹果发烧友	240544	56

注:该表数据截止日期为 2015 年 8 月 28 日。

4.3.2 数据分析与解释

在完成数据收集的工作后,笔者对质性数据进行了整理、分析和解释,具体步骤包括:

第一,数据的分类和编码。按照 Spiggle(1994)对数据分析的要求,首先对文档数据和访谈的文字记录进行阅读和反复阅读。这是一个从部分到整体以及前后来回反复的过程(Holbrook and O'Shaughnessy, 1988)。随后,对所有数据按照其所反映的主题进行了初步的分类和手工编码。

第二,数据分析。根据 Spiggle(1994)的建议,本研究的数据分析过程包括类别化、抽象化、比较、维度化、整合、迭代和反驳的全过程,从而保证了对数据的全面、深入分析。

第三,解释。解释是赋予数据以意义的过程从而确保理解现象的精髓,需要在经验证据的基础上依靠研究者的专家意见、创造性、洞察力以及主观的直觉经验(Spiggle, 1994);它强调自下而上的"数据到理论"模式和归纳思维,通过数据分析与解释"浮现(Emerge)"出理论。本研究采用解释学的传统步骤和要求(Spiggle, 1994; Arnould and Wallendorf ,1994; Thompson, 1997)对数据进行理解和解释。笔者不仅阅读了关于苹果品牌的大量资料(包括品牌历史、分析评论和学术研究等)作为基础知识,更是借鉴了心理学领域的崇拜性维度理论(Dimensions of Religiosity)(Jong et al. , 1976;阿盖尔, 2005)作为可参考的理论框架来解释这些数据。如同品牌关系(Founier, 1998)、品牌社群(Muniz and O'Guinn,2001)、品牌至爱(Carroll and Ahuvia, 2006)这些概念的提出一样,本研究在解释过程中利用了"隐喻技巧(Metaphor)"。另外,本书在解释过程中发挥了"解释小组"的作用,多人多视角,以避免某种已有假设或刻板印象,有利于新颖观点的产生(Thompson et al. , 1989)。

4.3.3 效度和可信性

根据消费者文化理论相关研究的评估标准(Wallendorf and Belk, 1989),本研究提高解释结果的效度、可信性和完备性的措施包括:

第一,长时间的投入。本研究自 2012 年开始,从数据收集到理论建构再到补充性数据收集共计三年多时间,尤其是在苹果的在线社群中进行了长时间的参与式观察和互动,保证了对研究现象的长时间投入和理解。

第二,数据来源多样化。本研究所收集的质性数据综合了一手资料和二手资料,包含了文字、图片、视频等多种来源,从而使数据之间具有三角验证的互补作用。

第三,受访者检查(Member Check)。笔者将解释完成后的观点和理论与 10 名受访者进行了交流并听取他们的意见。大部分受访者同意本研究的理论构建和结论,有两人提出了不同意见和修改建议,本书予以采纳。

4.4 理论建构

基于本书所收集到的经验证据，本研究发现忠实粉丝对于苹果品牌所表现出来的精神和情感状态已经达到了崇拜的特征。我们认为，品牌崇拜是相对少数极度热诚的忠实粉丝对于某个品牌所形成的精神和情感依恋状态。以崇拜性维度理论中的信念、体验和情感这三个维度作为参考的理论框架，本书对数据进行了分析和解释，发现忠实粉丝所表现出的品牌崇拜也极其相似地具有三个明显的维度，分别是品牌信念、品牌崇敬感和品牌热诚。

4.4.1 品牌信念

4.4.1.1 价值观高度认同

由于苹果品牌在践行自身品牌价值观方面的出色表现，不同凡响、打破常规、勇于创新等价值观已经深深扎根于其忠实粉丝的心中。忠实粉丝在描述苹果品牌时不断提及其“精神”“灵魂”和“文化”这样的关键词，可见忠实粉丝不仅能够强烈感知到苹果的品牌价值观，而且对这些价值观产生了高度认同，在自己的生活中坚定地信奉这些“教义”，并将它们升华为自己生活的“个人信仰”和“精神寄托”。

崇拜心理学的观点认为，信念首先意味着信徒会虔诚地坚守关于某个观点、价值观、世界观等信条和教义。这种“信仰的一跃”是皈依的重要一环，它是指在某个人的意识内原本处于边缘地带的观念已经转变成为他“个人生活的习惯性中心”（詹姆士，2002），这种精神体验和解放体验为他们的生活增添了新的动力和指引（亨特，2010）。也有观点认为，信念即人们对某种理论体系的一种坚定不移的确信（谷生然，2009）；对某种主张、主义和价值理想的极度信服和尊崇，成为人的精神寄托（张曙光，2000）；也是特定社会文化群体基于一种共同价值目标所共同分享或选择的价值理念和承诺（万俊人，2001）。

我欣赏苹果 Think Different 的文化……它适合那些有独立思考的能力，喜欢了解新事物，不害怕打破习惯，接受世界不太完美，但希望对世界有更

多认知的人。(天蓝之火烈鸟,2010－07－17 20:47)

Apple 在于它对于美国文化的象征。Apple 深刻地体现了美国文化中的创新精神,进而使 Apple 的每一次创新都能够迅速地融入到人们的现代生活当中去……所以,精神,那种迸发出激情或活力的精神,才是最重要的。(天下第一恶猫, 2010－05－22 21:44)

苹果当然终会消散在历史的尘埃中！但海盗精神永远不会腐败！创新精神永远不会腐败！Think Different 永远不会腐败！您作为一个刚看过这个吧的对我们理解片面的存在,当然不能理解我们眼眶里所闪耀的光芒！苹果不是一个实在的物体！很遗憾,您竭尽全力想要理解,却只能看到表象！苹果的精神永不磨灭！改变世界的雄心壮志永不改变！没有永不满足,就没有今天的苹果公司！就没有现在这个美好的世界！此乃,苹果!!您当然不能理解我们海盗般瘦骨嶙峋的灵魂！这是其他任何跟风者永远无法理解的！(所罗门之殇, 2014－10－01 23:41)

我真的希望回到以前那样,apple 只属于爱它的果粉,我不希望 apple 市值第一,只要它还记得 think different,那句每一位果粉奉行的教义。(哭 bi 的 roy, 2012－12－16 00:57)

果粉的狂热就像球迷对球队的热爱……苹果已经成为我们生活的一部分,是不可或缺的精神寄托,被咬了一口的苹果商标就是球队的标志。(五八的俺,2010－11－03 05:52)

另外,苹果的忠实粉丝还不断提及苹果品牌所奉行的“海盗”精神以及苹果徽标所表现出的象征意义,这印证了马克和皮尔森(2003)曾提出的品牌原型理论。他们认为,品牌可以利用神话原型来建立意义系统,心理原型能够激起消费者的最大共鸣。苹果品牌所代表的“叛逆者(Outlaw)”正是其中的一种原型。根据崇拜心理学理论,图腾是信徒的集体符号并被赋予了一种特殊的象征意义,反映了信徒们潜意识中的某种心理原型,只有虔诚的信徒才能够强烈地感受到图腾的象征意义(阿盖尔,2005)。通过以上分析,本书发现苹果品牌已成为其忠实粉丝的心理原型和“终极精神图腾”(Ultimate Totem)(Beech, 2012)。因此,苹果的忠实粉丝对其品牌价值观的高度认同是他们对该品牌具有信念的第一个表现。

你们喜欢苹果就是因为它昂贵？……你们真的了解一个世界第一的公司背后的文化内涵吗？喜欢苹果的人，应该去喜欢这个想给世界一场场革命的“new soul”。看到那个缺角的小苹果就有种莫名的激动和期许，看到乔布斯深邃的眼神就有种莫名的敬仰和怀念——这样才是一个真正的果粉。（qzj940713749，2015－01－25 01:00）

4.4.1.2 非理性偏执

苹果品牌的忠实粉丝相信苹果产品是非凡卓越的，具有竞争对手不可比拟的优势。粉丝们在形容自己为什么购买苹果产品时，频繁地出现“死忠”“信仰”“果粉有信念”等关键词和语句。而且，“乔布斯吧”粉丝所制作的社群口号和宣传图中就明确标有“信仰”“共同的信念”等词语，分别如图4－5、图4－6和图4－7所示。另外，苹果粉丝这种有关品牌的“信念”非常强烈，很难受到其他人或信息的干扰和影响。面对网络社群中其他人对苹果品牌的质疑，粉丝们经常用“你不懂”“坚持自己的信念”等语句来回应，而且用“你信仰不够，请及时充值信仰”来鼓励和挽留那些摇摆不定的粉丝。

根据《不列颠百科全书》，所谓信仰，是指“无充分的理智认识足以保证一个命题为真实的情况下，就对它予以接受或同意的一种肯定的心理状态”。崇拜心理学认为，信仰体系不能用理性来评估；虔诚的信徒们一般具有偏执的观点和看法，对于事物有着确定性的判断，甚至超出了理性的范围（约翰斯通，2012）。另外，Redden 和 Steiner（2000）在研究粉丝消费行为时也发现，偏执的态度和信念是忠实粉丝具有的典型特征。据此，本书发现苹果的忠实粉丝对于选择苹果品牌已经形成了一种强烈的非理性偏执，是一种不受他人干扰的坚定选择，并将苹果品牌上升为自己的“信仰”。因此，非理性偏执是苹果的忠实粉丝对品牌具有信念的第二个表现。

我对苹果狂热、偏执不是一两天了（Jesuszyk，2011－07－09 20:44）

你可以买到比 iPhone 更好的手机，你可以买到比 iPhone 外观更加简洁的手机，你可以买到比 iPhone 更贵的手机，你更可以买到比 iOS 界面更友好的手机，但是你永远不会买到第二个苹果精神，你不会理解精神的信仰——海盗精神。（想当将军的演员，2014－09－10 12:58）

果粉有信念。在本吧潜水这么多天，见到最多的无非就是批评苹果的。

各位吧友，你们可以有你们的信念，但请让我们苹果党坚持自己的信念，谢谢！KEEP THE FAITH！（阿土底图，2013－05－16 13:56）

为什么购买Apple watch？……对苹果产品有一种信仰，希望体验它更多的产品。苹果，全球最好的科技公司！（笑面人Joker，2015－08－02 11:11）

Apple是一种信念，一种生活态度，有这样的工作环境是一种幸福。（cck123454321，2012－07－30 21:02）

苹果是一种信仰（Lcwgundam，2015－03－16 14:05）

不要问楼主为什么选择苹果，信仰！膜拜！（b5204052，2015－05－24 12:32）

我就是苹果死忠了……我是它的信仰者！（不舍昼夜流逝，2012－12－26 11:23）

也许我们都说服不了彼此，但我们至少可以坚守自己的信念。（PierreL，2011－05－10 02:49）

“Apple watch已经到手，然而并不好用”因为你信仰不够，信仰不足，请及时充值信仰。（雪花飘零独自落，2015－06－03 10:49）

图4－5　共同的信念

图4－6　信仰

资料来源：乔布斯吧。

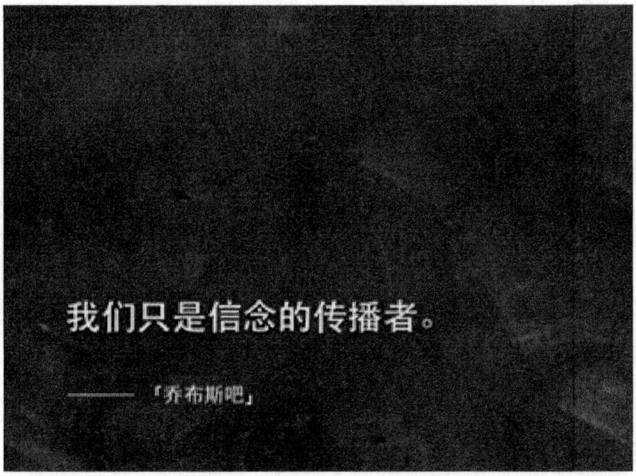

图 4-7 信念的传播者

资料来源:乔布斯吧。

4.4.1.3 希望

苹果品牌的创始人乔布斯逝世后,苹果公司后续的产品创新乏力,未能满足市场预期,因而近年来出现了市场份额、经营业绩和股价陆续下滑的局面。面对外界的怀疑和品牌所处的危机,一些苹果粉丝开始批评苹果并表示失望,然而有一批忠实粉丝却始终对苹果品牌的未来具有坚定的信心并充满希望。他们相信继任者库克可以做得更好,"再创辉煌,改变世界""继续创造奇迹"。另外,这些忠实粉丝们感受到了一种外在威胁,纷纷站出来维护自己的品牌,不离不弃。他们具有极强的主人翁精神,与苹果品牌站在同一战线,不断鼓励着库克和苹果公司,仍然对苹果的未来充满期待。而且,有的粉丝甚至还为苹果公司的未来前景出谋划策,为其设计经营战略以"挽救"公司。这都说明苹果的忠实粉丝们具有经受得住考验的信念。

根据崇拜心理学理论,信念中包含着一种希望,包括对未来的确信感、坚定的信心和期待,并对未来图景有所畅想。信念是信徒们的精神寄托,不仅使信徒们对未来前景抱有信心,更在危急时刻和信徒们失落的时候给予他们宝贵的希望(阿盖尔,2005)。Lehmann(2012)也认为,在某种意义上希望和信念是密不可分的。基于以上分析,本书发现苹果的忠实粉丝们在苹果品牌遭遇危机时对其依然抱有坚定的希望是他们拥有品牌信念的第三个表现。

当年 iPod 诞生时，人们认为我们苹果不好好做电脑跑来做 iPod 注定失败，谁知 iPod 畅销大卖；当年 iPhone 出来时，人们也不看好这个外形，怀疑尺寸巨大的智能手机，可是今天 iPhone 风靡全球；当初 ipad 问世时，人们皆认为我们有了 iphone 和其他手机还拿这个不能打电话发简讯的东西干什么，可是如今 iPad 的 Wi－Fi 版本也是几乎每家一个。Watch 的成功需要更多的努力和认可，要相信苹果不是一个普通的公司，尽管乔帮主离开了我们，但是苹果依旧可以创造奇迹！（喜欢你很安心，2015－04－10 10:12）

Keep calm and follow him！自打库克上台，各种人都在怀疑，叨叨着苹果完了，帮主死不瞑目。然而我却从来没有怀疑过库克。帮主创立了苹果，留下的是一种理念，一种永恒的精神。如果说苹果是一艘没有终点的船，帮主把它推下海，给它指明了方向，那么每一任 CEO 就是船长，确保这艘船一直航行，即使经历风雨也能铸就永恒的辉煌。一直追随，从未改变，加油苹果加油库克！（想当将军的演员，2014－12－12 23:06）

有很多人吐槽今年苹果新的尝试——Apple Watch，我相信苹果的工程师们仍能不断改进使每个产品变得更好。我们看到苹果还在前进……不管怎样，无论什么风言风语，我会一直支持苹果！希望帮主的后人能创造越来越好的智能化时代，希望 1000 年以后地球人还能说"当年的苹果就是我们现在的风向标！"（dhjdhj369，2014－09－10 11:12）

苹果不会没落，只是不是以前的苹果。他可以开创新的辉煌！乔布斯创造苹果，库克延续苹果。苹果拥有世界最杰出的天才，那种创新氛围。怎么可能没信心？（sam820115，2014－08－13 23:42）

安卓阵营不断强大让苹果的 iPhone 变得没有以前那样强大的吸引力!!但是苹果始终致力于良好的服务与体验！给用户良好而轻松的感受！期待苹果有再一次改变一切并令人兴奋的产品和技术诞生!!! 苹果你要加油哟。不管外面怎样说，努力革新，走出苹果酷酷的风格，让世人再次惊艳。（工藤优作 503，2014－08－12 13:21）

苹果虽然近几年创新力不足，但研发能力毋庸置疑，申请的好多专利还在攒着，随时放大招，我相信乔布斯看好的蒂姆·库克，绝不会让苹果走向衰败！（若有你 love，2015－08－27 10:41）

我认为，苹果应该开发汽车产品……苹果若想进军汽车行业，最轻松的途径莫过于收购特斯拉汽车公司（Tesla Motors）。一旦收购了特斯拉，苹果便会具备生产 iCar 所需的所有技术和能力……乔布斯打造 iCar 的梦想，不仅是苹果有能力做到的，也是他们绝对应该尝试的一件事。另外，电视将是下一个奇妙的内容消费体验，苹果意欲将电视变成一种令人敬畏的产品。(Poseidon,2013－02－18 18:22)

综上所述，根据崇拜心理学理论，信念是指信徒虔诚地坚守某个观点、价值观、世界观等信条和教义，并对其抱有超出理性范围的偏执，而且对未来始终充满希望。而通过数据分析和解释，本书发现苹果的忠实粉丝对于苹果品牌已经清晰地表现出了以上几个信念的特征，这并非一般的品牌所能具有。因此，本书将这一特征定义为品牌信念，具体包括忠实粉丝对于品牌价值观的高度认同、非理性偏执以及对品牌的未来抱有坚定的希望这三个方面。其中，品牌价值观就是品牌信念的内容，非理性偏执和希望则反映了品牌信念的特征和强度。

4.4.2 品牌崇敬感

4.4.2.1 惊叹

苹果的忠实粉丝认为，其产品充满创造力，具有不可思议的“神奇”和“魔法”功能，再加上其极薄、精美的外观，引得其粉丝们不禁产生惊叹的情绪体验。苹果的忠实粉丝们在描述苹果的产品设计时经常出现“艺术品”“完美”“惊叹”“震撼”等词语，不禁惊呼“人类怎么能这么有创造力”，具有难以置信的“美感”，是功能和形式、内在与外在的完美融合。而在崇拜心理学中，信徒常常能够体会到某个神圣事物的“美感”和“非凡卓越”，从而产生惊叹的感觉，这是崇拜体验中的基础元素(阿盖尔,2005)。Carlsen(2013)也认为，惊叹来源于某种神秘和完美事物的刺激，包含着对未知世界的探索和好奇，是一种超越的体验。另外，Haidt(2003)也指出，由于他人的优秀行为或品质意想不到、接近完美，会使人产生惊奇和惊叹；惊叹是钦佩感的一种成分。据此，本书发现苹果的忠实粉丝在看到和使用苹果产品时所产生的惊叹感觉是他们具有崇拜体验的第一个表现。

苹果都是艺术品……你们懂得！(海布里,2010－07－24 16:22)

每一件 Apple 的产品，都是源于生活的艺术品（yishengsuoai, 2015 - 06 - 01 18:50）

我认为当一件真正完美的物品出现在你眼前时，你会认为这类物品本该如此。而且苹果几乎一直给我这种感觉。（托尼斯塔克, 2015 - 08 - 22 07:44）

在看发布会时最大的意外便是新 iPad Air。手感是它最诱人的地方，这不由得让我们想起了同名的另一款产品——Macbook Air。当初的我很难想象一个笔记本竟然能这么轻薄，现在，苹果把奇迹又附加到了 iPad 身上——7.5mm。我依然对着这款名叫 air 的产品惊叹！（smile47374460,2013 - 11 - 04 20:56）

我作为果粉，Apple watch 来了我很开心……当我戴上同学的 Apple watch 时候，我深深地被它的做工和手感吸引了。我之前玩 p6 时，也有这种感觉——我的心被深深地震撼了。（卡吧 pro,2015 - 06 - 08 05:50）

今天是乔帮主的忌日，首先我在此对帮主表达深深的怀念，在 2003 年乔帮主用 iPhone、iPad 等神器横扫地球，也许我们现在没感觉，但是第一眼看 iPhone 时的惊艳我永远也忘不掉。人类怎么能这么有创造力！不仅是 iPhone 的卖相，她的内容功能也深深震惊了我。（Flyingbombs, 2014 - 10 - 06 22:19）

4.4.2.2 敬畏

苹果品牌具有传奇般的历史故事，而且通过一次又一次革命性的产品创新创造了历史罕见的业绩神话。苹果的忠实粉丝都非常了解和熟悉该品牌的历史和传奇故事，认为苹果品牌取得了不可思议、难以置信、无与伦比的成就，因而在描述苹果时经常提到“神一般”“可怕”“敬仰”“崇拜”“敬畏”“膜拜”“伟大的事业”等词语。可见他们对该品牌已经形成了一种敬畏感（Aaker et al., 2012; Zhou et al.,2016），在一定程度上将其神圣化。这与国外学者们对于品牌神圣化的研究结论是一致的（Belk and Tumbat, 2005 ; Muniz 和 Schau, 2005; Sarkar et al.,2015）。

敬畏情绪是一种包含困惑、钦佩、服从等多种感觉的复杂情绪，是面对那些广阔的、浩大的以及超越我们当前理解范围的事物时所产生的一种情绪体验（Keltner and Haidt , 2003）。崇拜心理学的观点认为，崇拜体验主要是指信徒们拥有神圣的、崇高的、非凡卓越等感官和情绪体验。他们时常能够感受到一种油然而生的庄重气氛,并对神圣事物产生一种敬畏感(约翰斯通,2012)。其中,神圣是崇拜的重要元素,是指引起人们严肃的、庄重的反应,不允许他人的诅咒或者嘲弄。信徒们认为一些"圣物"是非凡卓越的,对它们敬佩得五体投地,即所谓的"投诚(Surrender)"(奥托,2009)。在一定意义上,崇拜就是对于神圣的归顺(德里达、瓦蒂莫,2006)。基于以上分析,本书发现苹果品牌的忠实粉丝对于该品牌所形成的敬畏感是他们具有崇拜体验的第二个表现,也是主要的表现。

我关注 Apple 10 年了。记得 10 年前我第一次看到的是 2 万多的 Apple 的笔记本,真棒!当时这个品牌在我心里就是个神一样的存在。后来,乔布斯在全球的智能手机行业掀起了 iphone 狂潮,从 iphone 1 开始,保持着高贵的身份和气质,让人敬仰,崇拜和惊艳。(Volodiachina, 2013-06-22 11:17)

乔布斯的 iPhone 4 带来了革命性的视网膜屏……别的厂商也在抄袭、模仿,却超越不了苹果。库克的 iPhone 5s 带来了革命性的指纹识别……别的厂商也在抄袭、模仿,却超越不了苹果。乔布斯将神一般的性能装进了 Mac。(Swift 大法好,2014-11-07 17:17)

苹果啊!你真是个可怕的人物啊!之所以把你看成人是因为你是乔布斯的灵魂……你的天分与人生引得人们钦佩与惊叹……我敬畏乔帮主!(不舍昼夜流逝,2012-12-26 11:23)

自从 iPhone 发布以来,一直是高端的代名词,技术一直领先……令人敬畏的 Apple 啊!(zq95272,2012-08-10 22:20)

不要问楼主为什么选择苹果,信仰!膜拜!(b5204052, 2015-05-24 12:32)

对"爱疯",对苹果都有一种莫名的膜拜感。(虫虫,2011-04-9 20:30)

另外,乔布斯是苹果品牌的人格化载体。由于乔布斯本人杰出的个人能力、独到的眼光和力挽狂澜的传奇故事,苹果粉丝们将他奉为"神圣的帮主""教主""神一般的人物""伟大的领导者""精神导师"和所崇拜的"偶像"。粉丝们尊敬、钦佩、仰慕甚至是敬畏他本人,认为他从事的事业是崇高的使命，为人类的生活做出了积极贡献。苹果的粉丝社群里随处可见乔布斯的经典语录、演讲、照片、头像等。在崇拜心理学理论中，崇拜往往会针对某个英雄人物而产生。领袖一般被看作是具有独特思想、意见、判断力和号召力的预言者和权威，拥有超自然的、超人的、特别的力量和品质，甚至成为完美、伟大、无所不能和全知的形象，是值得敬畏的（怀特海，2012）。他们的神秘人格和传奇经历以及凭借着凌驾于凡人之上的权力都会激起人们对他们的神圣感和敬畏感，从而产生个人崇拜的现象（涂尔干，1999）。基于以上分析，本书发现苹果品牌的忠实粉丝对于其创始人乔布斯同样充满了敬畏情绪，并视他为苹果品牌的人格化身。这也是苹果的忠实粉丝具有崇拜体验的重要表现。

昨天还在观看您的视频，而今却已成为永远的怀念。您的才华，您的精神让我们这些苹果迷所钦佩！您永远地离开您为之拼搏一生，倾尽毕生心血的苹果事业！……您将永远是我们这群苹果迷的精神导师！……您那伟岸的身躯将永垂不朽！（银河之处，2012－06－02 14:43）

苹果在等你，世界在等你，历史在等你！这世界，还需要你！好起来！（一剑凌霄山海情，2011－01－17 23:32）

人类的创新魔法师去了，这就是独一无二、无与伦比的史蒂夫·乔布斯。他说“活着就为改变世界”，没人怀疑，只有致敬。一个企业家哪怕参与改变过一个产业就足以名垂青史，他居然改变了6个！他的创新能量，他的绝不妥协，他对科技与人文的完美结合。他已经与爱迪生、福特、盖茨并列人类科技的圣殿。乔布斯是人类百年一遇的福音，不可复制。Steve，你是我世界里的精神偶像，这是男人对男人的崇拜！Steve，你将因你创造的伟大产品永存，这才是真正的永生！谢谢你，Steve。（不能说的秘密，2014－11－01 20:11）

我无比崇拜苹果的乔布斯！有人说这世界就是三个苹果的故事，一个诱惑了夏娃，一个打着了牛顿，另一个在乔布斯的手里！传奇般的人物，天才！很了不起！有点敬畏……感动……（风格纯粹，2011－08－25 19:58）

我是乔布斯吧的吧主，爱苹果，爱帮主，2010年的某天通过盖茨的书知道了史蒂夫·乔布斯，从此就陷入了对帮主深深的迷恋……2011年夏天在乔布斯吧开始活跃，后来通过自身努力，于今年春申请乔布斯吧吧主成功。

(乔队漆爷,2012－07－04 20:08)

永别了,一代旷世奇才…… 恐怕几百年才会出一次吧(哈哈, 2014－12－27 21:29)

永远怀念改变世界的伟大领导者——史蒂夫·乔布斯先生!(南门彦风, 2012－10－01 17:40)

4.4.2.3 狂喜

苹果品牌的产品往往因其创新性、精美的外观深受粉丝们的喜爱,并被一些忠实粉丝奉为“圣物”。他们会在新产品上市时连夜排队抢购,对抢先拥有其产品具有一种强烈的渴望。当粉丝们如愿以偿地购买到 Apple Watch 后发帖表达自己的心情时,频繁出现“不眠之夜”“激动哭了”“欣喜若狂”“泪流满面”“兴奋死了”“幸福感爆棚”等词语。可见,正因为忠实粉丝们对苹果产品喜爱至深甚至有敬畏之心,才会在获得苹果产品时表现出难掩的激动、热情、兴奋和幸福感。Redden 和 Steiner(2000)在研究狂热粉丝消费行为时也发现,情感的激烈性正是忠实粉丝或狂热者的典型特征。另外,根据崇拜心理学的观点,狂喜是崇拜者的常见体验;当信徒们获得某种胜利和荣耀时,会感受到一种强大的力量感,并产生高峰体验,即一种庆贺、欢呼的狂喜状态(阿盖尔,2005)。基于以上分析,本书发现苹果的忠实粉丝在获得苹果产品时所表现出的狂喜是他们具有崇拜体验的第三个表现。

看来今晚又是一个不眠之夜! iPhone/iWatch 还有两小时发布! 激动得啊! 库克会给我们怎样的惊喜? 让我们翘首以待! 作为 4 年的老果粉,这如何能让我不欣喜若狂?! (乔布斯爷,2014－09－09 23:17)

发了,发了! 终于发了! 激动啊! 没想到! 天啊! 终于快熬到头了! 哈哈,泪流满面啊! 除了激动还是激动! (ackmhb0328,2015－05－26 17:25)

(订单状态)变了变了变了! 今天放学怀着失望的心情看订单,居然提前两周了! 25 号的订单,半个月就到了! 激动哭了,库克爱你! (我,2015－05－27 17:46)

苹果 5 要出了,兴奋死了,太棒了,终于可以用了! (547249843 ,2012－04－03 13:58)

坐等手表,顺丰大哥靠你了! 到货准备做直播。期待已久的手表,激动。

(supper9860b,2015 -06 -07 19:24)

已发货42蓝运,哈哈哈哈~好激动,好幸福(Adamposion,2015 -06 -06 18:11)

终于到了！幸福为何总是来得这么突然！(开心表情)(wang454604127,2015 -06 -01 00:10)

喜大普奔。迫不及待开箱！(德国的,2015 -06 -01 11:00)

拿到了！幸福感爆棚！(chi,2015 -05 -19 20:00)

订单终于发货了,瞬间眼泪都快下来了(刀锋,2015 -05 -20 12:22)

激动激动激动！apple watch上市必买(史钊华980516 ,2015 -02 -27 03:18)

直播——去拿手表,终于成为有表一族！地铁中,前往店铺,激动ing(AF小杰,2015 -05 -08 10:46)

WWDC2015马上到来了！希望会有关于watch的,如果watch有改良我会义无反顾地买买买！(威,2015 -06 -02 21:08)

综上所述,根据崇拜心理学理论,崇拜体验是指在某种刺激下信徒们会拥有一种神圣的感官和情绪体验,具体包括惊叹、敬畏和狂喜等。而通过数据分析和解释,发现苹果的忠实粉丝对于苹果品牌已经清晰地表现出了以上崇拜体验的特征,这并非一般的品牌所能具有。因此,本书将这一特征定义为品牌崇敬感,具体包括忠实粉丝对于品牌所表现出的惊叹、敬畏和狂喜这三个方面。

4.4.3 品牌热诚

4.4.3.1 感恩

在苹果创始人乔布斯逝世当天以及他的祭日,苹果的忠实粉丝都会在社群中发帖以表示纪念。他们的帖子中频频出现“谢谢你,乔布斯”“想念你”“深深地爱你”“谢谢你给这个世界带来变化与创新”“感谢你留下了苹果,让人类的生活开始改变”“谢谢您改变了我们的生活”“谢谢你给我最美好的东西”等语句,对乔布斯和他所创立的苹果品牌充满了感恩之情。感恩的原因包括苹果品牌通过革命性的创新产品改变了世界,乔布斯为苹果品牌带来伟大的产品,以及乔布斯的精神对粉丝个人所带来的激励作用和积极影响这三个方面。在崇拜心理学中,信徒的感恩是出于他所获得的益处;感恩是一项传统仪式和美德,是崇拜情感不可缺少的要素(Emmons 和 Kneezel, 2005)。而且,这种感恩与普通的感恩有所不同,它能够拉近信徒与所崇拜对象的距离(Rosmarin 等, 2011)。因此,本书发现苹果的忠实粉丝对苹果品牌及其人格化身乔布斯所产生的感恩之情是他们具有崇拜情感的第一个表现。

向乔布斯致以最高的敬意!虽然老乔已离我们远去整整三年,但他的理念与精神已融入苹果的骨髓……在历史的大殿中,这位伟人曾经创造过奇迹。对于这位伟人所做的,我想说一声"Thanks, Steve."(托尼斯塔克,2014-10-06 11:15)

想起约翰·列侬的一首歌 *Imagine*,只有富有形象力和具有创新的人留下的东西才会永垂不朽!乔帮主,我们想念你,感谢你留下了苹果,让人类的生活开始改变。(倔强,2012-10-05 21:27)

今天是你的祭日。谢谢你给这个世界带来的变化与创新,你的身影将永远留在我的心中。一路走好。(酷,2014-10-05 00:00)

Thank you so much, Steve Jobs! 您改变了我们的生活!(传奇,2013-10-17 22:32)

你好,谢谢你的 iPhone, iPad, iPod, Mac……希望你在天堂过得好点。(皮卡,2014-09-17 21:34)

Thanks Steve,谢谢你给我们一个属于自己的苹果!(快乐男孩,2014-09-13 18:30)

三年祭。三年前,一个改变世界的人永远地离开了这个他所深爱的世界。生前你改变世界,走后你影响世界。Thank you Jobs. Goodbye, Jobs.(改变时间的苹果,2014-10-05 00:06)

我为你的创新、创造力感到由衷的赞叹;为你的性格、人格魅力感到无尽的痴迷与迷恋;为你对产品要求的完美与设计感,对每一个细节的关注而敬佩、赞同、欣赏。我在消极的时候开始奋斗;在落寞的时候又有了梦想;在失败、糊弄生活的时候开始追求完美。我开始模仿你……记住你说过的每句话、每个单词,在脑海里一遍遍重复着……我只能把你看作一种信仰,鼓舞着我前进，向着梦想进发！我要努力奋斗，拥有自己的梦想，自己的成功，在你的影响下勇往直前。（小学，2014－10－05 15:17）

亲爱的乔帮主，你离开三年了，在那边好吗？你知道吗？你也使我变成了一个疯狂的人，坚守自己的信念。我将铭记你那句话：Stay hungry，stay foolish！这是你给我最美好的东西。今天，我想告诉你，我想念你，我们想念你。深深地爱你，永远……（Phrisy，2014－10－06 00:16）

4.4.3.2　依赖

苹果的粉丝们急切地渴望苹果产品，多次用“真心迷恋”“爱不释手”等词语表示，甚至有了爱护苹果手表的“强迫症”，小心翼翼不使其弄脏。而且，很多粉丝在 Apple Watch 下订单后并收到产品之前，频繁表示“等得心慌慌”“等疯了（哭泣表情）”“等得心力交瘁”“等得心烦意乱”“日夜相思，好苦啊”“睡也睡不好”“求求你了，库克”“日子好难熬，等得真心焦啊”“让人疯狂”“苦等中，求曙光，求希望”等语句表示。苹果粉丝们在未获得产品时所表现出的沮丧充分说明该品牌已经完全融入了他们的生活方式和习惯之中，感觉自己与该品牌是不可分割的。他们对苹果产品已形成“分离焦虑”（Batra 等，2012），并对其产生了一种强烈的“依赖”情感。有一位粉丝这样总结道：“曾几何时为一块表如此期待。这就是苹果的不同。”在崇拜心理学中，信徒的依赖感是其具有崇拜情感的重要特征。信徒们离开他们的信念会感觉失去存在感并产生强烈的焦虑和不安（阿盖尔，2005）。基于以上分析，本书发现苹果的忠实粉丝对于苹果品牌和产品所形成的依赖是他们具有崇拜情感的第二个表现。

爱不释手，真心迷恋 iPad mini！（好青年，2013－06－28 00:17）

今天早上到的 Watch，玩弄了一天。苹果始终都是极具设计感，……爱不释手啊！（秦爱德，2015－05－30 00:07）

有了 Apple Watch 之后得了强迫症。等级：严重。只要轻微的小磕碰一下就要擦屏幕好几遍。沾点灰也要洗几遍。推送一没有就抓狂！请问该不该砸了它？哈哈（我不是啥，2015－05－24 01:33）

等你等得心慌慌的，不知道今晚能不能到。感觉没戏了……（TERMINAToR257，2015－06－07 22:33）

啊等疯了,还没到(哭泣表情)!(猎鹰,2015-06-08 08:29)

哪位好心人能告诉42mm运动黑发到几号啦?谢谢我是5月23号下单的,等得心力交瘁!(陈道道,2015-06-03 10:08)

你们的EMS慢吗?周五发货,第三天了还在上海呢我等得心烦意乱的!(陈道道,2015-06-07 15:59)

黑运42,4月25日下单,今天收到了!等了一个月啊!日月相思,好苦阿……(Devil_Dylan18,2015-05-29 19:12)

5.4的黑运42今天总应该发了吧,等得我好苦啊,晚上睡也睡不好!(gan2766684745,2015-06-02 06:45)

睡前水一帖,明天给我发货吧!求求你了,库克!(公子哥,2015-05-28 23:52)

其实真的是,感觉快来但是还没来的状态最让人疯狂……(坐车的猫,2015-05-28 07:30)

大家帮忙预测一下什么时候到?快强迫症了!天天看感觉日子好难熬。等得真心焦啊(99斤半,2015-05-19 11:02)

4月11日晚的订单,黑色运动版,苦等中,求曙光,求希望……(我最牛,2015-04-28 12:41)

期待了这么久,终于要到来。想想,曾经何时为一块表如此期待。这就是苹果的不同。(clycsyxx11,2015-05-27 21:52)

4.4.3.3 忠贞

许多消费者不满意苹果的iOS封闭系统,一般都喜欢通过刷机(也称“越狱”)进行使用。而忠实粉丝在网络社群中多次表示“永远不越狱,因为我热爱iOS”“越狱是对苹果的亵渎”“从来不喜欢越狱,忠于苹果!”以此来显示自己热爱苹果的“纯洁性”。也有不少粉丝以“永远忠于苹果”“一直做一个忠诚的果粉”“无论苹果变成什么样子,它始终是我心中永远的苹果”“永远是乔帮主的那群海盗”这些语句作为自己的社群账号标签,以此来“宣誓”自己对于苹果品牌的“忠贞”。这种情感相比品牌至爱中的“保证长期关系”(Batra等,2012)这一测项更为坚决和强烈。

我的iOS永远不越狱,因为我热爱iOS,更是热爱乔布斯。越狱是对苹果的亵渎，也是让一件精巧绝伦的艺术品成为废品。即使封闭，依然迷人。这才是我心中的苹果！（gsh13142lj，2015－06－04 00:01）

我也从来不喜欢越狱，忠于苹果！（prince，2015－06－04 08:37）

是的，真正信仰乔布斯的人从来不会越狱，即使他们是软件工程师。（x931805110，2015－06－04 16:02）

我们永远是乔帮主的那群海盗。（乔队漆爷，2012－10－05 15:39）

无论苹果变成什么样子，它始终是我心中永远的苹果。（sam820115，2014－09－11 00:49）

我会一直做一个忠诚的果粉。（青春，2012－10－05 16:02）

iFans now，iFans then，iFans forever.（低调的摩羯，2012－10－13 16:07）

我会一直忠于苹果！（1233560002845a，2015－08－18 09:45）

另外，有一些人经常进入苹果的粉丝社群攻击苹果品牌，如认为苹果产品不如其他竞争品牌（如三星），对苹果的现状及其继任者库克进行调侃，批评买苹果产品的人不爱国等。这时苹果的忠实粉丝往往会站出来抵制这些“负面信息”并为苹果品牌和自己的选择进行辩护，甚至直接反对和攻击竞争品牌，这说明忠实粉丝们对苹果的忠贞是坚决和排他的。在崇拜心理学中，带有排他性的忠贞是信徒的典型情感特征（涂尔干，1999；奥托，2009；施莱尔马赫，2011）。其中，忠贞意味着信徒对于自身信仰的坚守，有关道德节操，往往是信徒内在的纪律（斯达克、芬克，2004；彼得森等，2005）。基于以上分析，本书发现苹果品牌的忠实粉丝对于苹果品牌的忠贞是他们具有崇拜情感的第三个表现。

我是忠实果粉，我爱乔布斯，爱苹果所有产品，就是特别受不了边上一些不懂苹果的人说爱苹果就是装，屏幕小，不如三星，怎么怎么的。我特别想说，没有乔布斯你看见过智能手机没？第一款大屏手机不是苹果的 iPhone 吗？后面其他手机纷纷效仿，至于三星，和苹果比简直是侮辱苹果。你除了知道把屏幕变大，把所谓的处理器、像素放大一下，你能干吗？iOS 你用过再说吧。（李奇，2014－05－10 15:41）

说实话，我觉得现在的 Apple Watch 其实做得已经很好了，像那些星的什么 Gear S 什么的你确定你想把手机就那样戴在手上玩？（李哲，2015－

07 – 10 14:28)

为库克点赞,为乔布斯选中的接班人点赞！我就不明白为什么这么多人黑库克。他是乔布斯选中的接班人,乔布斯的眼光是不能否认的……库克是完美的苹果接班人。(Swift,2014 – 11 – 07 17:17)

我毫不掩饰我是喜欢苹果的,因为 iOS 系统的优越性,因为 35 万个应用程序,因为乔布斯。我崇拜乔布斯……这样一个大起大落之后,带着一身病痛于 50 岁时站立于个人的巅峰(某种意义上,也是世界的巅峰)的人,我觉得不管是放在哪里都能得到尊重的。(Pierre,2011 – 05 – 10 02:49)

Apple Watch 是乔布斯去世后第一款真正意义上的新类别产品,有很重要的意义。希望 Apple Watch 能成功,继续大卖！(永在蓝天之上,2015 – 03 – 03 16:27)

综上所述,根据崇拜心理学理论,崇拜情感是信徒对于某个对象所表现出的稳定、强烈的情感依恋,包括感恩、依赖和忠贞。而通过数据分析和解释,本书发现苹果的忠实粉丝对于苹果品牌已经清晰地表现出了以上崇拜情感的特征,这并非一般的品牌所能具有。因此,本书将这一特征定义为品牌热诚,具体包括忠实粉丝对于品牌所表现出的感恩、依赖和忠贞这三个方面。

4.5 小结

基于崇拜性维度理论,以苹果品牌的忠实粉丝为研究对象,本章运用网络志方法界定了品牌崇拜的概念内涵并构建了其三维度模型。本研究认为,品牌崇拜是相对少数极度热诚的忠实粉丝对于某个品牌所形成的精神和情感依恋状态;品牌崇拜的三个维度分别是品牌信念、品牌崇敬感和品牌热诚。其中,品牌信念是指忠实粉丝对于品牌所持有的坚定信念,具体包括对品牌价值观的高度认同、非理性偏执以及对品牌的未来抱有坚定的希望这三个方面;品牌崇敬感是指忠实粉丝对于品牌所产生的一种崇拜式体验,具体包括惊叹、敬畏和狂喜三个方面;品牌热诚是指忠实粉丝对于品牌所产生的崇拜式情感,具体包括感恩、依赖和忠贞三个方面。因此,本研究的理论框架和品牌崇拜的三维度模型如图 4 – 8 所示。

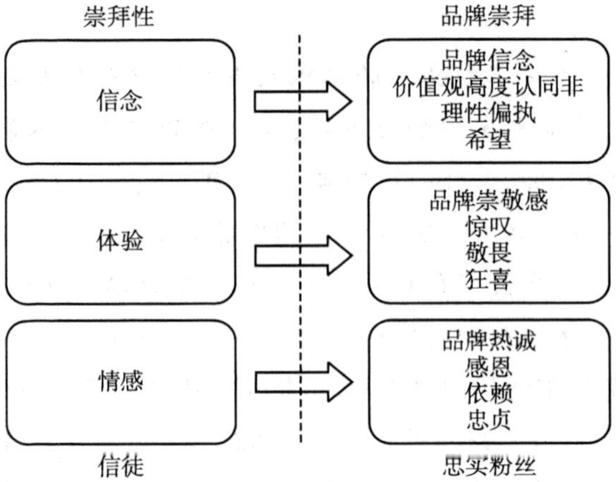

图 4－8　品牌崇拜的三维度模型

5 粉丝神圣感的形成和作用结果研究

5.1 问题的提出

由于一些体育项目具有特殊的文化背景、象征意义和环境氛围，体育粉丝常常会被唤起内心的神圣感。例如，瑜伽、太极、武术、登山、长跑等体育项目非常注重内心的修养，而足球、篮球的粉丝也常表现出统一着装、摇旗呐喊等仪式行为。对于长期参与某项运动的体育粉丝而言，运动已被赋予了个人意义，甚至升华为他们内心的信仰并被神圣化，从而为持久参与这项运动提供了精神层面的动力。有趣的是，体育营销者已经有意识地通过唤起这种神圣感来吸引粉丝，如一些瑜伽俱乐部通过场馆的宗教化装修风格、轻柔神秘的瑜伽音乐以及精心设计的仪式来营造一种庄重和神圣的体验。那么，这种神圣感究竟受什么因素的影响？它是否真的能够有效促进体育粉丝的持久参与意愿呢？

持久参与(Enduring Involvement)及其前置因素研究近年来成为国外体育消费行为研究的热点话题。然而，目前的研究只是发现流体验(Flow)和交融感(Communitas)对持久参与具有显著的正向影响，并未清晰揭示持久参与的具体形成机制。而另一方面，粉丝神圣感(Perceived Sacredness)的相关研究近年来也是国外粉丝行为领域的前沿话题，但尚未得到国内体育研究者的关注。心理学中的神圣化理论认为，神秘体验和群体交融感是神圣感形成的前提条件。近似地，McGinnis 等(2008)对高尔夫球手的实证研究发现，流体验和交融感对粉丝神圣感具有显著的正向影响，而那些精神性(Spirituality)水平较高的人更容易体会到神圣感。另外，神圣感可以促使人们形成一种主动持续行为，以保证这种信仰和神圣感的延续；神圣感也可以推动粉丝对某项活动更深层次的参与、尊重和奉献，并作出更持久的承诺。

结合以上两方面的文献，本研究认为粉丝神圣感可以为持久参与的具体形成机制研究提供新的视角和解释。具体而言，粉丝神圣感是否在流体验和交融感对持久参与的影响过程中发挥着关键的中介作用？而且，粉丝精神性这一个人特征因素是否在以上过程中起到调节作用？这些尚未被研究的问题有待进一步实证检验。因此，基于心理学中的神圣化理论，本研究将引入粉丝神圣感这一中介变量和粉丝精神性这一调节变量，旨在从粉丝神圣感的新视角来构建体育粉丝持久参与的形成机制模型。这将有助于我们揭示体育粉丝持久参与形成过程的“黑箱”，为理解体育粉丝为何会持久参与一项体育项目的动机提供新的理论解释，也将为体育营销者有效提高粉丝的持久参与意愿提供营销策略建议。

5.2 文献综述与研究假设

5.2.1 持久参与的概念及其前置因素

Jun 等（2012）认为持久参与是指对某项活动产生了长期的心理承诺，具有“个人意义的参与”，包括吸引、自我表达和生活中心性三个维度，强调持久参与意味着粉丝对某项活动的持续兴趣和热情。由于持久参与能够较好地预测粉丝的行为忠诚，它成为体育消费行为研究中的重要变量，一直吸引着众多学者的关注。虽然各学者对其的具体定义略有不同，但持久参与的概念在不同情境下具有内在一致性，主要指粉丝被某项活动所吸引并对其产生了长期的心理承诺和情感依恋的状态。

5.2.2 流体验对持久参与的影响

流体验是指人们在做自己喜欢的事情时所呈现出的和谐有序的状态，表现为满意和愉悦的感觉、全神贯注、丧失对时间的感知和自我意识等。由于体育项目往往具有清晰的目标和较大的挑战性，需要身体的高度紧张和精力的高度集中，所以很容易给粉丝带来流体验。而这种流体验又会进一步激发粉丝重复进行该项运动以挑战更高水平的技能，从而产生持久参与。

因此,一些学者在不同情境下研究了流体验对持久参与的影响。Havitz 和 Mannell(2005)以及 Decloe(2009)等在体育情境下的研究都发现流体验能够对持久参与产生显著的正向影响。McGinnis 等(2008)以高尔夫为背景的研究也指出,流体验对持久参与有着显著的正向影响。Wu 等(2013)对在线游戏成瘾的最新研究中也指出,流体验对于粉丝持久参与在线游戏有着重要影响。由此,本书提出以下假设:

H1:流体验对持久参与具有显著的正向影响。

5.2.3 交融感对持久参与的影响

Turner(1969)最早提出了交融感的概念,并将其定义为当人们彼此之间感觉不到地位等级、背景和角色的差异时所产生的一种和谐的、融为一体的感觉。在本质上,交融感意味着组织中的每个成员都被认可而且相互分享的一种超越友谊的、同志般的感觉。例如,在瑜伽、篮球、登山、骑自行车等体育活动中,团队成员之间需要互相信任、密切配合,甚至生死相依,因而很容易激发出一种并肩战斗、休戚与共的交融感。而这种交融感具有上瘾性质,又会激发人们反复从事这种活动从而再次体验这种感觉,也就促进了持续参与。McGinnis 等(2008)以高尔夫为情境的研究也指出,交融感对持久参与具有显著的正向影响。另外,还有一些不同情境的研究结论也从侧面间接支持了以上关系。例如,社会支持和社会规范会对持久参与产生正向影响;人们彼此之间的分享体验和人际关系是持久参与形成的重要因素。也有研究指出,旅游过程中的团体感对于旅游目的地的持久参与有着显著影响。由此,本书提出以下假设:

H2:交融感对持久参与具有显著的正向影响。

5.2.4 粉丝神圣感及其中介效应

涂尔干认为,神圣感并不一定意味着宗教;生命中许多非宗教的元素同样可以被人们尊崇和敬畏并被看作是神圣的,如壮丽的自然景观、雄伟的建筑、非凡的奇迹等。Belk 等(1989)最早对消费领域的神圣化现象进行了深入研究,认为人们日常的消费存在“世俗的”和“神圣的”两个方面,而且它们是相互交织的。该研究将粉丝神圣感定义为“当遇到某个重要、强大和非凡卓越的事物时粉丝所表现出的崇敬”;能够让粉丝感受到神圣的对象可分为六类:地点、时间、无形事物、有形事物、人和其他生物,以及体验。由此,学者们开始陆续在不同情境下对粉丝神圣感展开广泛的研究。特别地,许多学者专门研究了体育粉丝对于体育项目或赛事表现出的神圣感。Brody(1970)认为现代体育是人们表达热情、宣泄情绪的重要方式。Pimentel 和 Reynolds(2004)发现粉丝对于自己所热爱的球队会表现出热情和虔诚;粉丝们通过收藏和展示球队的纪念品、集会、自我牺牲、组织活动、仪式行为等方式不断强化他们对球队的情感,使得球队在他们心中被“神圣化”。而 McGinnis 等(2008)在对高尔夫球手的实证研究中首次对粉丝神圣感进行了定量测量,这为该领域的后续研究和走向成熟奠定了基础。

目前,直接研究粉丝神圣感影响持久参与的文献还很少。McGinnis 和 Gentry(2012)对高尔夫球手的实证研究发现,粉丝神圣感对持久参与有着显著的直接作用。另外,根据心理学中的神圣化相关理论,神圣感可以促使人们形成一种主动持续行为(Proactive Sustaining Behavior ,如祷告、定期参加教堂活动等仪式行为,牺牲、奉献以及对责任与义务的践行等),从而保证这种信仰和神圣感的延续。而且许多研究也指出,神圣感可以推动粉丝对某项活动更深层次的参与、尊重和奉献,并作出更持久的承诺。

Belk 等(1989)认为流体验和交融感是使某个事物变得神圣的重要元素,其中,流体验本身包含着自我超越的成分,属于个体心理层面;而交融感属于社会人际层面。Holt(2002)对棒球比赛的研究也指出,流体验和交融感是粉丝神圣感产生的诱因。McGinnis 等(2012)通过对高尔夫球手的实证研究证实,流体验和交融感对于粉丝神圣感有着显著的正向影响。

另外,依据心理学中的神圣化相关理论,神秘体验(Mystical Experience)对信仰者有着特殊的意义,被视为神圣感形成的基础。它包括对于神秘的、超自然的、不可知力量以及不可理解性的感知和体验,具有意想不到、不可思议、不可解释的惊异感。显然,这里的神秘体验与流体验在本质上很相近,有着许多共通之处。与此同时,群体交融感也是形成神圣感的又一基础性因素。所有群体成员具有共同目标,彼此之间相联系的感觉有助于形成归属感和同族情感,尤其是群体成员间内心感悟的交流和分享有助于感受到自己与周边环境统一为一体的感觉,进而激发圣洁的情感和神圣感(彼得森等,2005)。他们认为,群体交融感与情感是成正比的;这种群体交融感是

形成神圣感的必要条件。由此,本书提出以下假设:

H3a:在流体验对持久参与的影响过程中,粉丝神圣感发挥着显著的中介作用;

H3b:在交融感对持久参与的影响过程中,粉丝神圣感发挥着显著的中介作用。

5.2.5 粉丝精神性及其调节效应

"精神性"这个词来源于拉丁语"spiritus",即呼吸的生活,是心理学领域的热门话题,意为"旨在找到人生意义的一种内心驱动力"。而 Koenig 等(2005)认为非信教的人们同样会具有精神性的追求,因而这一概念被引入粉丝研究领域。Kale(2006)将粉丝精神性定义为人们对生命的一种精神追求,也就是深入地探索和建构生命意义的尝试。许多学者认为,作为一种重要的个人特质,粉丝精神性具有多个维度。而 Liu 和 Robertson(2011)通过更强大的力量、整个人类、自然和生灵分别与自我生命相联系的程度这三个维度对粉丝精神性进行了定量测度。很多学者意识到,伴随着后现代社会的到来,粉丝寻求生命意义、自我价值和身份的精神追求越来越强,这极有可能影响他们在生活各个方面的消费决策。

并非每一位个体粉丝都能感受到神圣感,这与个人特质有着密切关系。以往的研究只是发现体育粉丝大多具有外向、随和的个性,对唤起和刺激感具有明显的需求,对于物质的收集和占有也拥有强烈的欲望等。然而许多研究显示,作为一项重要的个人特质,粉丝精神性在粉丝神圣感形成的过程中扮演着非常重要的角色。根据心理学中的神圣化相关理论,精神性水平较高的人们更容易敏感地发现和感受到生命的美好,对情绪的感知能力更强,因而更容易在一些活动中感知到流体验和交融感,进而感知到更强的神圣感。Elkins 等(2010)和 Wuthnow(2012)的研究都指出,精神性在一定程度上是产生神圣感的必要条件。而 Doehring(2008)在营销领域的实证研究也发现,粉丝精神性对粉丝神圣感确实有着显著影响。事实上,粉丝精神性一直伴随着粉丝神圣感产生的整个过程。由此,本书提出以下假设:

H4a:粉丝精神性正向调节粉丝神圣感在流体验和持久参与之间的中介效应,即粉丝精神性越高,流体验通过粉丝神圣感而间接影响持久参与的效应越强;

H4b：粉丝精神性正向调节粉丝神圣感在交融感和持久参与之间的中介效应，即粉丝精神性越高，交融感通过粉丝神圣感而间接影响持久参与的效应越强。

综上所述，本研究构建的概念模型如图5-1所示。

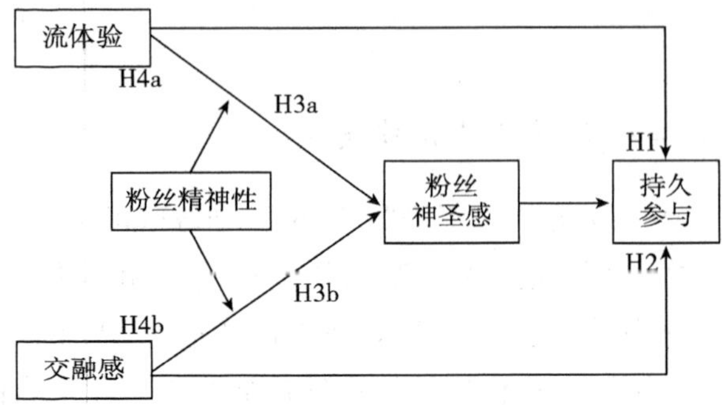

图5-1 本研究的概念模型

5.3 研究设计

5.3.1 研究对象和数据收集

目前，国外有关粉丝神圣感的研究主要以高尔夫为研究情境。但考虑到瑜伽项目本身的特点，一些国外学者经常将瑜伽与神圣、粉丝精神性相联系。因此，为了提高本研究的切题性机理论精度，本书选择瑜伽这一独特的体育项目作为新的研究情境。与以往相关研究所用的数据收集方法相同，本研究采用问卷调查法，随机选取我国西部某省会城市不同行政区域下的8家瑜伽馆的瑜伽粉丝为研究对象。参考Smith等(2005)对于粉丝资格的认定，本研究采用"你是否认为自己是瑜伽粉丝"这一甄别问项来筛选研究对象。在预调查阶段，本研究全部采用面对面填答方式，共发出问卷300份，收回有效问卷249份，有效率为83%。在此阶段，针对原问卷中存在的语义不清、难以理解等问题，优化了部分测项的表达方式。在正式调查阶段，本研究以同样的方式发放问卷300份，并赠送每位被访者价值5元的小礼品作为回报。问卷的发放时间是2015年12月到2016年2月。最终回收有效问卷265份，有效率为88%。

本次调研对象的人口特征基本符合正态分布，具体情况如下：女性159人（占60%），男性106人（占40%）；被访者的年龄在20岁以下的71人（占27%）、21~30岁的114人（占43%）、31岁以上的80人（占30%）；被访者的学历在大专/本科以下的46人（占17.4%），大专/本科的149人（占56.2%），研究生及以上学历的70人（占26.4%）；收入在3000元以下的49人（占18.5%），3001~6000元的129人（占48.7%），6000元以上的87人（占32.8%）。

5.3.2 变量测量

本研究对相关变量的测量均借鉴了其他学者所开发的、被广泛使用的成熟量表。流体验（6个测项）、交融感（6个测项）和粉丝神圣感（7个测项）的量表参考McGinnis等所编制的量表；粉丝精神性（7个测项）参考Liu和Robertson编制的量表；持久参与（7个测项）参考Lu和Schuett编制的量表。各变量的测量均采用Likert七点量表。本研究对所有量表均遵照往返式翻译的要求，先由1名市场营销专业的博士将5个量表译成中文，再由另外1名市场营销专业博士回译成英文。经过两人反复讨论，最终确定中文版本的量表。另外，由于相关量表在以往研究中具有较强的西方文化背景和特殊情境，在保证原量表的意义和维度完整的前提下，本研究对相关量表进行了必要调整，剔除了不恰当的少许测项，将措辞表达情境化，以适应本研究的需要。另外，根据Podsakoff等（2003）的建议，本研究通过问卷反向编码、强调问卷的匿名性与数据用途以及以一周为单位间隔式收集问卷等多种措施，在一定程度上降低了同源误差的可能性。

5.4 数据分析与假设检验

本研究的数据处理和分析采用SPSS 22.0和AMOS 22.0软件。本研究首先对问卷进行信度和效度检验，然后对各变量进行描述性统计，最后通过回归分析、Bootstrap中介效应检验和有中介的调节模型对相关假设进行检验。

5.4.1 量表的信度和效度检验

由表5-1可以看出，本研究中五个变量各自的Cronbach's α系数均在

0.85以上，说明各量表具有理想的内部一致性，整个问卷具有较好的信度。由于本书所涉及的五个变量（共33个测项）均借鉴已有的成熟量表，能够较好地保证量表的内容效度。对各变量进行验证性因子分析得到的六个拟合指标（$\chi^2/df=2.39$，RMSEA=0.062<0.08，GFI=0.951>0.9，AGFI=0.945>0.9，NNFI=0.920>0.9，CFI=0.911>0.9）显示，各变量的一阶因子结构与数据样本的拟合度良好，模型适配度的各项指标都符合标准，说明本研究中各量表具有良好的收敛效度。同时，本研究中各构念的AVE平方根均高于所在行与列的相关系数，这说明各构念具有较好的区分效度。

表5-1　各变量及其测项的信度

变量	测项	删除该项后 Cronbach's α 系数	Cronbach's α 系数
粉丝神圣感	1. 当我练习瑜伽时，很难忍受他人一些不尊重的行为	0.813	0.897
	2. 当我练习瑜伽时，我能感受到身体神奇般的舒畅	0.895	
	3. 观看专业的瑜伽练习者的表演总是令人惊叹和敬畏	0.886	
	4. 我觉得练习瑜伽时的气氛是有魔力的	0.878	
	5. 当我想到瑜伽的发源地和创始人时会有一种神圣感	0.882	
	6. 专业瑜伽馆对我来说是个神圣的地方	0.881	
	7. 花费在练习瑜伽上的时间对我的内心而言是神圣的	0.882	
流体验	1. 瑜伽是一种从每天的劳累中解脱并获得快乐的过程	0.914	0.903
	2. 当我练瑜伽时，我的注意力高度集中	0.883	
	3. 当我练瑜伽时，我惊讶地发现我竟然忘记了时间	0.878	
	4. 当我练瑜伽时，我能够全身心投入	0.869	
	5. 当我练瑜伽时，时间似乎过得很快	0.878	
	6. 我发现瑜伽是一个释放自我的体验	0.886	

续表

变量	测项	删除该项后 Cronbach's α 系数	Cronbach's α 系数
交融感	1. 当我练瑜伽时,我感到一种志趣相投的友情	0.917	0.917
	2. 我感觉我和我的瑜伽伙伴会产生某种联系	0.901	
	3. 我感觉到和其他瑜伽伙伴之间有一种归属感	0.896	
	4. 当我练瑜伽时,我能感受到和其他练习者之间的和谐	0.901	
	5. 当我练瑜伽时,我会有一种和其他练习者分享的感觉	0.899	
	6. 瑜伽真的能让我开始了解我的瑜伽伙伴	0.898	
粉丝精神性	1. 我相信生命是很有意义的	0.883	0.892
	2. 我会努力去实现生命的价值	0.876	
	3. 关注社会和身边的人对我来说十分重要	0.880	
	4. 活着是为了服务于某项重要的事业	0.878	
	5. 看见人类的痛苦和不幸遭遇时,我很容易被深深触动	0.880	
	6. 有些时候我会感到自己与大自然是融为一体的	0.876	
	7. 我经常能发现生活中的美	0.881	
持久参与	1. 瑜伽对我来说很重要	0.935	0.941
	2. 练习瑜伽是我生活中最满意的事情之一	0.932	
	3. 我对瑜伽很有兴趣	0.933	
	4. 我真的很喜欢成为瑜伽练习者中的一员	0.936	
	5. 瑜伽在我的生活中扮演着重要角色	0.931	
	6. 我的许多朋友都缘于练习瑜伽	0.940	
	7. 当我在练习瑜伽时,我感觉真正在做自己	0.938	

5.4.2 变量间的描述性统计

由表 5－2 可以看出，各主要变量之间均在 $p<0.01$ 的水平上显著正相关，且相关系数均处于小到中等水平，这也说明各变量之间在一定程度上相互独立，适合进行下一步的假设检验。

表 5－2 变量的均值、标准差和相关系数

	均值	标准差	1	2	3	4	5
1. 粉丝神圣感	4.583	0.964	**0.532**				
2. 流体验	4.949	0.851	0.128**	**0.558**			
3. 交融感	4.657	0.938	0.209**	0.265**	**0.512**		
4. 粉丝精神性	4.989	0.738	0.369**	0.210**	0.226**	**0.514**	
5. 持久参与	4.783	0.988	0.312**	0.258**	0.286**	0.434**	**0.526**

注：**表示在 $p<0.01$ 的水平（双侧）上显著相关，表格对角线上加粗的是 AVE 平方根。

5.4.3 假设检验

5.4.3.1 流体验和交融感对持久参与的直接作用

在进行回归分析前，本研究有必要对共线性问题进行诊断。结果表明，所有变量的 VIF 值远在 10 以下，说明共线性问题并不严重。本研究利用线性回归模型分别对流体验和交融感对持久参与的直接作用进行检验。回归分析结果显示，流体验对持久参与具有显著的正向影响，标准化回归系数为 0.263（$p<0.001$，$R^2=0.107$，$F=3.883$）；交融感对持久参与同样具有显著的正向影响，标准化回归系数为 0.303（$p<0.001$，$R^2=0.128$，$F=4.739$）。由此可知，本研究假设 H1 和 H2 都成立。

5.4.3.2 粉丝神圣感的中介效应检验

对于中介效应的检验，学者们使用最为广泛的是 Baron 与 Kenny 法则。然而，近年来不少学者对该方法提出了激烈的批评。而 Preacher 和 Hayes 倡导 Bootstrap 抽样技术对中介效应进行检验，相比前者具有更高的统计功效并能对第一类错误进行很好的控制，而且该检验方法还不需满足样本成正态分布的条件。因此，本研究采用 Preacher 和 Hayes 提供的 SPSS 的 PROCESS 插件对粉丝神圣感的两个中介效应分别进行检验，其中，Bootstrap 重复抽样 2000 次并构建 95% 的无偏差校正置信区间。数据分析结果如表 5－3所示，在第一个中介效应检验中，粉丝神圣感的中介效应为 0.1292（SE＝0.0430），95% 的置信区间为［0.0591，0.2312］，不包括 0，说明粉丝神圣感具有显著中介作用；同时，加入中介变量后，流体验对持久参与的直接效应为 0.1284（SE＝0.0731，$p = 0.0803 > 0.05$），95% 的置信区间为［－0.0156，0.2725］，包括 0，说明直接效应不显著。具体的各路径系数如图 5－2 所示。由此可知，粉丝神圣感在流体验对持久参与的影响过程中具有完全中介效应，假设 H3a 成立。

在第二个中介效应检验中，粉丝神圣感的中介效应为 0.1893（SE＝0.0818），95% 的置信区间为［0.0358，0.3580］，不包括 0，说明粉丝神圣感具有显著的中介作用；同时，加入中介变量后，交融感对持久参与的直接效应为 0.0970（SE＝0.1061，$p = 0.3617 > 0.05$），95% 的置信区间为［－0.1121，0.3060］，包括 0，说明直接效应不显著。具体的各路径系数如图 5－3 所示。由此可知，粉丝神圣感在交融感对持久参与的影响过程中具有完全中介效应，假设 H3b 成立。

表 5－3 粉丝神圣感的中介效应检验结果

作用路径	直接效应			中介效应		
	效应值	95% 置信区间		效应值	95% 置信区间	
		下限	上限		下限	上限
1. 流体验→粉丝神圣感→持久参与	0.1284	－0.0156	0.2725	0.1292	0.0591	0.2312
2. 交融感→粉丝神圣感→持久参与	0.0970	－0.1121	0.3060	0.1893	0.0358	0.3580

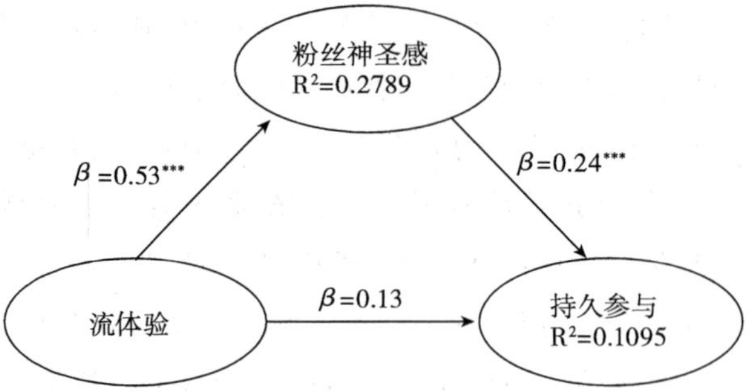

图5－2　粉丝神圣感的中介效应检验A

注：＊＊＊表示 $p<0.001$。

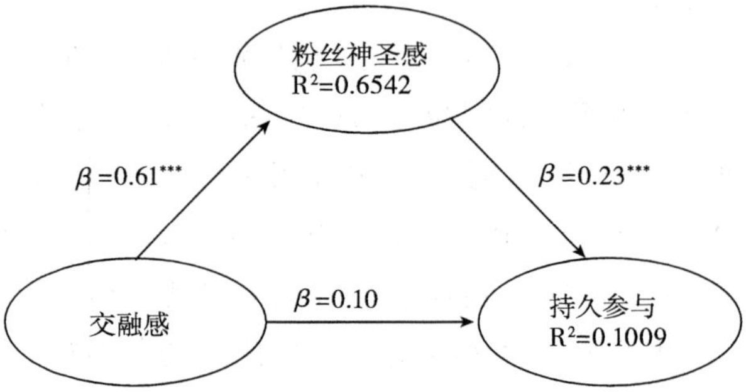

图5－3　粉丝神圣感的中介效应检验B

注：＊＊＊表示 $p<0.001$。

5.4.3.3　粉丝精神性的调节效应检验：有中介的调节模型

本书采用温忠麟等(2006)所提出的有中介的调节模型检验方法对假设H4a和H4b分别进行检验。有中介的调节模型意味着：①做因变量对自变量、调节变量以及它们的乘积项进行回归，该乘积项的系数显著。②做中介变量对自变量、调节变量以及它们的乘积项进行回归，该乘积项的系数显著。至此说明该调节效应是显著的。③做因变量对自变量、调节变量以及它们的乘积项、中介变量一起进行回归，中介变量的系数显著。这说明中介效应显著。如果在第③步中，乘积项的系数不显著，则说明该调节效应完全通过中介变量而起作用，也就是完全中介效应；反之则为部分中介效应。可见，对有中介的调节模型进行检验需要先检验调节效应，再检验中介效应。

根据这些检验标准，本研究分别做了相应的一系列回归分析，结果如表5－4所示。在模型3所示的持久参与对流体验、粉丝精神性以及它们的乘积项所做的回归中,乘积项的系数是显著的($\beta = 0.341$, $p < 0.001$);在模型1所示的粉丝神圣感对流体验、粉丝精神性以及它们的乘积项所做的回归中,乘积项的系数依然显著($\beta = 0.184$, $p < 0.001$)。至此,说明粉丝精神性在流体验通过粉丝神圣感影响持久参与的过程中发挥着显著的调节效应。同时,在模型4所示的持久参与对流体验、粉丝精神性以及它们的乘积项、粉丝神圣感所做的回归中,中介变量粉丝神圣感的系数显著($\beta = 0.182$, $p < 0.01$),说明粉丝神圣感的中介效应显著,这再次印证了前文的有关结论。然而,该回归模型中的乘积项系数仍然显著($\beta = 0.345$, $p < 0.001$),这一结果最终说明粉丝精神性调节了粉丝神圣感在流体验和持久参与之间的中介效应,但该调节效应仅部分地通过粉丝神圣感这一中介变量影响持久参与。总之,研究假设H4a成立。

另一方面,在模型5所示的持久参与对交融感、粉丝精神性以及它们的乘积项所做的回归中,乘积项的系数是显著的($\beta = 0.325$, $p < 0.001$);在模型2所示的粉丝神圣感对交融感、粉丝精神性以及它们的乘积项所做的回归中,乘积项的系数仍然显著($\beta = 0.050$, $p < 0.01$)。至此,说明粉丝精神性在交融感通过粉丝神圣感影响持久参与的过程中发挥着显著的调节效应。同时,在模型6所示的持久参与对交融感、粉丝精神性以及它们的乘积项、粉丝神圣感所做的回归中,中介变量粉丝神圣感的系数显著($\beta = 0.135$, $p < 0.01$),说明粉丝神圣感在此过程中的中介效应显著,这与前文的有关结论是一致的。然而,该回归模型中的乘积项系数也是显著的($\beta = 0.332$, $p < 0.001$),这一结果最终说明粉丝精神性也调节了粉丝神圣感在交融感和持久参与之间的中介效应,但该调节效应仅部分地通过粉丝神圣感这一中介变量影响持久参与。总之,研究假设H4b成立。

表5-4 多元回归分析结果

研究变量	粉丝神圣感		持久参与			
	模型1	模型2	模型3	模型4	模型5	模型6
性别	0.066	0.030	-0.040	-0.026	-0.019	-0.015
年龄	0.029	0.024	-0.004	-0.003	-0.015	-0.011
学历	0.077*	0.106*	0.049	0.065	0.041	0.055
收入	-0.069	-0.026	0.082	0.075	0.076	0.073

续表

研究变量	粉丝神圣感		持久参与			
自变量:流体验	0.120*		0.063*	0.043*		
自变量:交融感		0.402***			0.192*	0.138*
中介变量:粉丝神圣感				0.182**		0.135**
调节变量:粉丝精神性	0.418***	0.470***	0.242**	0.405**	0.452***	0.516***
流体验×粉丝精神性	0.184***		0.341***	0.345***		
交融感×粉丝精神性		0.050**			0.325***	0.332***
R^2	0.729	0.745	0.307	0.317	0.316	0.321
ΔR^2	0.718***	0.735***	0.279***	0.286***	0.316***	0.321***
ΔF	67.016***	72.780***	11.013***	10.332***	11.494***	10.520***

注:表内皆为标准化回归系数。*** 表示 $p<0.001$,** 表示 $p<0.01$,* 表示 $p<0.05$,皆为双侧检验。

5.5 小结

基于心理学中的神圣化理论,以瑜伽粉丝为例,本研究引入粉丝神圣感作为中介变量和粉丝精神性作为调节变量,从粉丝神圣感的新视角构建了体育粉丝持久参与的形成机制模型。通过265份问卷调查和有中介的调节模型检验,研究发现流体验和交融感对持久参与具有显著的正向影响;粉丝神圣感在以上过程中具有完全中介效应,而且这一中介效应受到粉丝精神性的调节。该研究为理解体育粉丝为何会持久参与一项体育项目的动机提供了新的理论解释,也能为体育营销者有效提高粉丝的持久参与意愿提供营销策略建议。

6 在线品牌契合的前因后果研究

6.1 问题的提出

相比传统媒介情境，移动互联网情境下的消费者品牌关系发生了很大变化。品牌可以借助社交媒体的互动性快速与消费者建立强有力的联系并吸引粉丝。数据显示，截至2015年11月，已有96万认证的企业用户入驻新浪微博，而微信的品牌公众号也已超过800万个。小米、三只松鼠等众多品牌都通过微博、微信、在线社区等社交媒体来吸引粉丝并与他们互动，从而快速与粉丝之间建立起一种高度参与、沉浸、富有激情的积极契合（Positive Brand Engagement）关系。与此同时，网络上也出现了一些专门反对和污蔑某个品牌的所谓"黑粉"，按照其认知、情感和行为特征被学者们界定为"消极契合（Negative Brand Engagement）"。虽然学者们以往基于互联网背景提出了微博营销、社群营销等新兴营销方式，但始终未能从理论上界定清楚互联网背景下消费者品牌关系的新特征。值得注意的是，近年来国外营销学术界兴起的品牌契合研究为理解社交媒体情境下的消费者品牌关系提供了新的理论视角，成为消费者品牌关系领域的又一前沿话题。笔者以英文"Brand Engagement"为关键词在超星发现系统中搜索，其学术发展趋势曲线如图6－1所示，相关研究的期刊论文从2000年前后开始一路增长至最近三年。

研究表明，这种新型消费者品牌关系能够显著提升品牌绩效和销售收入，因而它对于企业在移动互联网背景下开展品牌营销有着重要的理论意义和现实意义。近三年来，基于移动互联网背景下的在线品牌契合成为学者们研究的热点话题。在品牌契合概念的基础上，学者们陆续提出了社交媒体中的品牌契合、在线品牌契合、在线品牌社区契合等一系列相近的新概

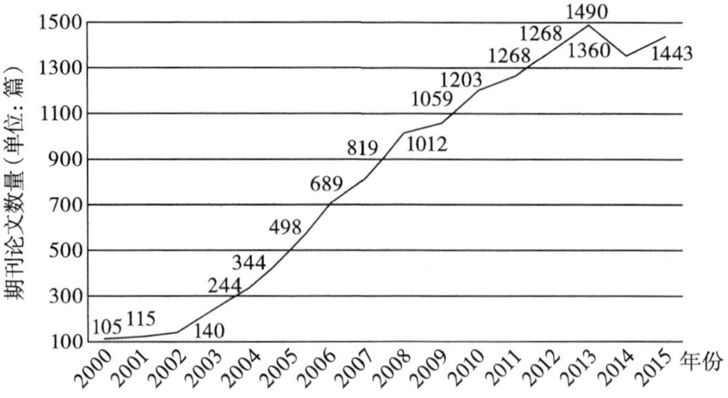

图6－1　品牌契合的国外期刊学术发展趋势

资料来源：超星发现系统。

念和更有针对性的测量方式。以往研究主要在常规情境下发现了许多品牌契合的前置因素，如感知品牌质量、感知品牌创新和卷入度等。而且，品牌契合对品牌信任、品牌承诺、品牌忠诚和网络口碑等变量的积极影响也得到了验证。

然而，在移动互联网的新情境下，学者们对在线品牌契合的前置因素和影响后果的研究却十分缺乏。因此，基于感知互动和类社会互动的双重视角，本章旨在研究在线品牌契合可能存在的前置因素和影响后果，以期从互动的角度出发构建一个在线品牌契合的前因后果模型，从而深化和拓展有关在线品牌契合的理论研究，并为企业增强与粉丝的在线品牌契合提供营销策略建议。

6.2 文献综述

"契合"这一概念最早产生于心理学和社会学等领域，后来被学者们借鉴到营销领域来研究顾客和企业之间的契合状态。顾客契合（Customer Engagement）引发了国内外学者们极大的关注，并被美国营销科学协会确定为优先研究的新兴议题。然而，顾客契合主要是基于企业服务情境所提出的抽象概念，其包含的具体相关概念（如顾客契合、消费者契合、顾客契合行为、顾客契合过程、顾客品牌契合等）很多，内涵较为庞杂，因而亟待学者们分类开展更加深入细致的研究。最近几年，越来越多的学者以品牌作为顾客契合的对象和中心,特别聚焦社交媒体情境对品牌契合展开了进一步研究,提出了社交媒体中的品牌契合、在线环境中的消费者品牌契合、虚拟品牌社区中的顾客契合、在线社区品牌契合等一系列新概念和更有针对性的测量方式。他们的相关研究表明,在互联网社交媒体情境下,品牌契合对品牌忠诚、品牌承诺、品牌至爱和购买意愿等消费者品牌关系方面的结果变量都有着显著的积极影响,也对提升品牌绩效具有显著作用。因而社交媒体情境下的品牌契合研究对于企业在移动互联网背景下加强消费者和品牌之间的关系有着重要的理论意义和现实指导意义。

另一方面,国内学者对品牌契合的关注和研究也刚刚开始,但对于“契合”一词的翻译还不尽一致(有的翻译为融入或沉浸)。这表明有必要对“契合”一词的概念背景进行更加深入的探讨,才能深入理解“契合”一词的含义,以起到正本清源的作用。因此,在探讨“契合”这一概念的跨学科理论背景的基础上,本部分主要梳理并综述了社交媒体情境下品牌契合的相关概念、测量、前置因素以及影响结果等研究。

6.2.1 品牌契合的跨学科理论背景

“契合”这一概念最早来源于心理学、社会学、政治科学和组织行为学等学科,各个学科有关契合的概念彼此有所区别但也有着内在联系和一致性,详见表6-1。心理学中的社会契合(Social Engagement)是指一种高主动性、卷入的感觉,对社会刺激物充分地回应,包括六个维度:乐于同别人互动;乐于参与计划性、结构化的活动;乐于去参与自我发起的活动;自我目标的建立;追求卷入;接受群体活动的邀请。与此同时,社会学中的公民契合(Civic Engagement)是指与政治过程或政府机构有关的行为或态度,它是一个包含了媒体注意力、信任以及政治卷入(Political Involvement)的多维概念。Warren 等(2014)认为公民契合是对任何个体或集体性活动的一种参与,普通形式的公民契合如投票、参加社区集会、为社会问题建言献策;与政府官员联系,参与游行、请愿集会等,目的在于解决盛行的社会问题。另外,教育心理学中的学生契合(Student Engagement)是指学生对学术投入的程度和动机,对学校的承诺、与学校之间可感知的联系、满意,以及对学校的归属感,这一定义也体现出了学生契合概念的多维性。Fredricks 等(2004)认为,学生契合包含了行为、情感、认知三个维度;行为的契合指学生积极的行为,如学习卷入、参与学校举办的相关活动等；情感的契合是学生在教室中情感的反应，如兴趣爱好、厌烦、高兴、悲伤以及焦虑等；认知的契合强调在学习上的投资、战略性的动机目标以及自律。

随后，“契合”这一概念被引入组织行为学领域。组织行为学中的契合按照不同的程度可以被定义为雇佣、有目的性地雇佣（招聘）、订立契约、承诺、吸引、使着迷等，这表明契合是一个包含了不同层次的概念。Kahn（1990）最早将契合的概念引入工作领域，他认为自我和工作角色是一种动态的、可协商的关系。在个人契合的状态下，员工在工作角色中使自己得到雇佣，并在认知、情感、行为上表现自我；而在个人非契合中，员工自我角色与工作角色是脱离的。根据这一定义可知，当个人在承担某一组织角色时，契合是一种心理层面的表现。Rothbard（2001）在 Kahn 定义的基础上，进一步提出了契合包含的两个重要组成部分：注意力和全神贯注。Maslach 等（2001）认为工作契合（Job Engagement）是倦怠的对立面。Schaufeli 等（2002）引入了员工契合（Employee Engagement）的概念，将其定义为一种积极的、满足的、与工作相关的心智状态，这一状态通过专心、奉献以及活力三个维度来表现。Saks（2006）则认为员工契合是由与个人角色表现相关的认知、情感和行为部分组成。

综合来看，各学科中对契合的定义（见表 6－1）基本体现出以下共同点：第一，契合强调主体具有主动的、深度的参与性，如社会契合中的参与社会活动、学生契合中学生参与学校组织的相关活动。第二，契合强调主体与对象之间的互动性。第三，大多数学者的观点认为契合是一个多维的概念，而且认知、情感和行为作为契合的三个维度得到了较多学者的认同。第四，契合是一个过程，包含了不同的层次。第五，多数学者倾向于从心理层面对契合进行定义，如强调个人的专注、奉献、承诺、着迷等心智状态。

表 6－1　跨学科视野下有关“契合”概念的定义

作者	概念	定义
Achterberg 等	社会契合	一种高主动性、卷入的感觉，对社会刺激物充分地回应，包括六个维度：乐于同别人互动；乐于参与计划性、结构化的活动；乐于去参与自我发起的活动；自我目标的建立；追求卷入；接受群体活动的邀请

续表

作者	概念	定义
Jennings 和 Stoker	公民契合	与政治过程或政府机构有关的行为或态度，它是一个包含了媒体注意力、信任以及政治卷入的多维概念
Fredricks 等，London 等	学生契合	学生对学术投入的程度、动机，对学校的承诺、与学校之间可感知的联系、满意，以及对学校的归属感，包含了行为、情感、认知三个维度
Schaufeli 等	员工契合	一种积极的、满足的、与工作相关的心智状态，这一状态通过专心、奉献以及活力三个维度来表现

可见，社会学、心理学和组织行为学等学科中对契合概念的定义和相关研究构成了营销学中契合概念的基础，使我们意识到契合实际上有着十分具体而丰富的含义。

6.2.2 品牌契合的定义与测量

当前，越来越多的学者认为品牌是顾客契合的中心和对象，转而开始研究品牌契合。通过概念化以及相关的实证研究，品牌契合被认为是一种与品牌相关的、情境依赖型的、积极的心智状态，是在特定的顾客—品牌互动过程中的认知、情感和行为表现。Gambetti 等（2012）认为品牌契合是一个动态的、过程依赖性的概念，是在品牌和顾客实际或虚拟的接触过程中，不断迎合顾客需求和期望的基础上发展起来的一种关系强度。契合的过程表现为三个递进的关系型阶段：友谊、亲密行为以及合作关系。因此，为了与顾客达到契合状态，品牌需要进入他们的生活，与他们建立深厚的情感联系，并不断使这种关系更加亲近、私密以及独特。另外，Flynn 等（2001）提出了自我概念的品牌契合（Brand Engagement in Self - Concept，BESC），即顾客把一些重要品牌作为自我概念的一部分的倾向，反映了顾客对品牌的最一般化的契合。他们认为，自我概念的品牌契合潜在地解释了顾客作出购买决定的原因。它对于品牌管理者是非常重要的，因为它描述了品牌购买和品牌忠诚的一个非常重要的动机。

特别地，最近三年来学者们对于品牌契合的研究开始侧重社交网络、在线品牌社区等社交媒体情境。社交媒体中的品牌契合(Consumer Brand Engagement in Social Media)是指在特定的顾客—品牌交互过程中,顾客表现出的与品牌相关的认知、情感和行为活动。虚拟品牌社区中的顾客契合(Consumer Engagement in a Virtual Brand Community)包含了顾客与品牌、顾客与社区内其他成员的特殊的交互体验,是情境依赖型的,在动态、交互的契合过程中的一种心智状态。从过程角度来讲,虚拟品牌社区中的顾客契合由学习、分享、共同发展、社会化以及拥护五个子流程组成,它并不是一个有次序、连续的过程。与简单地出售产品相比,品牌契合进一步研究了企业如何使顾客对品牌更加热情以及参与进来的更深层次方法。同时,消费者对于营销信息开始变为积极的决策者而不再是消极的接收者。另外,在线品牌社区契合(Online Brand Community Engagement)被认为是一种与在线品牌社区进行持续互动的过程。

综上所述,各学者对不同情境下的品牌契合有着不同的具体定义。然而,无论是一般情境还是社交媒体情境下,学者们对品牌契合基本上是从认知、情感和行为的某一方面或多个方面来定义的;都将品牌契合看作一个动态的过程。同时,相比对顾客契合的研究,品牌契合的相关研究也体现出一些自身的新特点,例如,第一,品牌契合既包括积极的一面,也包含消极的一面。积极的品牌契合是与品牌相关的积极的认知、情感以及行为表现;与此相反,消极的品牌契合则通过在与品牌的交互过程中将顾客与品牌相关的负面想法、感受以及行为表现出来,如当前网上流行的“黑苹果粉”。第二,社交媒体情境下的品牌契合相关概念是基于社交网络、在线品牌社区等互联网社交媒体环境而提出的,其概念定义更具针对性。第三,在线品牌契合不仅强调顾客与企业、品牌、社区之间的交互活动,同时更加注重在线社区内成员之间的互动与交流。第四,与一般情境中的品牌契合不同,社交媒体情境下的品牌契合并不一定是一个连续、递进的过程,而有可能是快速建立的过程,如小米、三只松鼠等品牌就是依靠互联网而快速建立起来的。

目前,学者们对品牌契合主要是从认知、情感和行为三个方面去测量的。Hollebeek(2011)将品牌契合的维度划分为认知、情感、行为,而 Hollebeek 等(2014)提出了品牌契合的三个主题,即沉浸(Immersion)、激情(Passion)和激活(Activation)。Gambetti 等从实践者的角度出发,认为品牌契合是一个多维的概念,包含了注意力、对话、交互、情感、感官快乐(Sensorial

Pleasure)以及专注于创造顾客品牌体验的快速激活(Immediate Activation)等要素。So 等(2012)基于对酒店业和航空业品牌中顾客的调查,建立并检验了一个包含 25 个题项的顾客品牌契合量表。该量表由 5 个维度组成,分别是认知、热情、注意力、吸引力以及交互。Dwivedi(2015)认为品牌契合是通过活力、奉献以及全神贯注来表现的。Sprott 等(2009)建立了一个 8 题项的单维量表来测量自我概念的品牌契合,这一量表准确地体现了消费者对其最喜爱品牌的注意力、印象以及偏爱,同时,这一量表在 Vieira 和 Afonso (2011)的研究中也得到了验证。

Brodie 等(2011)所提出的虚拟品牌社区中的顾客契合也包含认知、情感和行为三个维度。Vinerean 和 Opreana(2015)认为在线环境中消费者品牌契合也包含了这三个维度,并通过社交网络中的受访者样本,最终选取了 11 个题项进行测量。Chen 和 Hollebeek(2014)对社交媒体中的品牌契合进行了测量,从认知过程(Cognitive Processing)、情感和激活三个维度出发,建立了包含 10 个题项的量表。Baldus 等(2015)则提出了在线品牌社区契合的 11 个测项,分别是品牌影响、品牌激情、有联系的、有帮助的、志同道合的讨论、享乐型回报、功利型回报、寻求帮助、自我表达、最新的信息等。同时,在社交媒体背景下,社会性也成为品牌契合的一个重要维度。

综上所述,表 6-2 总结了一般情境和社交媒体情境下品牌契合的所有相关概念的定义及测量维度。学者们对品牌契合的具体维度进行了充分研究。无论是一般情境还是社交媒体情境下,大多数学者都认为品牌契合是一个多维概念。以 Hollebeek 和 Brodie 等为代表,从认知、情感和行为三方面进行测量是比较全面和主流的方式。但由于每个量表产生的具体情境有所不同,各学者在确定品牌契合的最终测项上有略微的差异和分歧,尚未形成一致认可的测量量表,这就要求学者们在使用量表时要考虑该量表所适用的具体情境,不存在统一的、一般化的量表。另外,自我概念的品牌契合作为一个心理层面的单维概念,学者们对其概念测量的研究还比较少,因而值得进一步探究。

表6-2 品牌契合的相关概念、定义和维度

情境	作者	构念	定义	维度
一般情境	Algesheimer 等	品牌社区契合	通过消费者固有的动机与社区内的成员进行互动和合作,实现对品牌社区的认知而产生的积极影响	多维:功利主义的、享乐的、社交的
	Sprott 等	自我概念的品牌契合	一种个体差异性的度量,代表了消费者在评价自身时将一些重要品牌包含进来的倾向	单维
	Hollebeek	顾客品牌契合	基于个体顾客动机的、与品牌相关的、情境依赖型的心智状态,这一状态通过在与特定品牌交互过程中认知的、情感的、行为的活动的投入程度来表现	多维:沉浸、激情以及激活
	Gambetti 等	顾客品牌契合	一个动态的、过程依赖性的概念,在品牌和顾客实体或虚拟的交互中,不断迎合顾客需求和期望的品牌能力,在此基础上发展的关系强度	多维:认知、情感、意动的、经验的、社交的
	Dwivedi	顾客品牌契合	顾客积极的、令人满意的、与品牌使用相关的心智状态	多维:活力、奉献、专注
社交媒体情境	Brodie 等	虚拟品牌社区中的顾客契合	包含了顾客与品牌、顾客与虚拟社区内的其他成员的特殊的交互体验,是情境依赖型的、动态的、交互的过程	多维:认知、情感、行为
	Wirtz	在线品牌社区契合	一种对在线品牌社区的认知,从而导致在线品牌社区中的交互式参与	多维:态度、行为
	Hollebeek 等	社交媒体中的品牌契合	在特定的顾客—品牌交互或与之相关的过程中,顾客积极的与品牌相关的认知、情感、行为活动	多维:认知过程、情感、激活

续表

情境	作者	构念	定义	维度
	Vinerean 和 Opreana	在线环境中的消费者品牌契合	在线环境中消费者与品牌互动后表现出的认知、情感和行为状态	多维:认知、情感、行为
	Baldus 等	在线品牌社区契合	一种不可抗拒的、固有的与在线品牌社区进行持续互动的动机	单维

6.2.3 品牌契合的前因和后果研究

正如前文所述,由于学者们在不同情境下对品牌契合的维度划分有所不同,他们在对品牌契合的前置因素进行研究时也得出了不同结论,这有助于形成有关品牌契合前置因素研究的多样化视角和丰富成果。

首先,一些研究从企业的营销策略视角出发研究了品牌契合的前置因素。Whelan 和 Wohlfeil(2006)发现,在事件营销过程中通过非正式对话以及个人直接的品牌体验可以使顾客在行为层面被卷入,导致他们对该品牌形成情感依恋,从而培育顾客对品牌的契合。相似地,Wong 和 Merrilees(2015)通过对 403 家企业的调研认为,有效的品牌定位是品牌契合最主要的一个前置因素。一个品牌导向强的公司更可能实现顾客对品牌的契合。再者,Goldsmith 和 Goldsmith(2012)对服装品牌 North Face 的研究表明,品牌的个性对 North Face 品牌的服装来说是特有的,它增加了顾客对该品牌的契合。这些结果不仅再次验证了品牌拥有的个性和人格特征可以使品牌与众不同,同时也表明顾客与特定品牌有着情感的、象征性的联系。许多品牌理论学者提出,品牌个性在顾客与某一品牌契合的过程中发挥着重要作用。因为消费者更喜欢个性鲜明的品牌,他们认同这一品牌并可以通过该品牌诠释自我个性。

其次,从消费者角度出发,不少学者将顾客“卷入”作为品牌契合的一个重要前置因素。Jayasingh 和 Venkatesh(2016)认为社交媒体情境中的品牌契合前置因素包括了品牌卷入以及社会影响力、社交媒体的使用、经济和娱乐效益。在 Dwivedi(2015)的研究中,消费者的产品类别卷入(Product Category Involvement)对顾客品牌契合有显著的影响。也就是说,对某个产品类别卷入度高的消费者更有可能契合于这一类别中的领导品牌。另外，也有学者深入研究了品牌契合的具体维度的前置因素。如 Hollebeek（2011）等发现，顾客品牌卷入作为前置因素对品牌契合的三个维度（即认知过程、情感以及激活）都有显著的影响，尤其是对情感有强烈影响。Leckie 等（2016）则提出顾客卷入、顾客参与以及自我表达型品牌（Self – Expressive Brand）作为前置因素对品牌契合的各个维度有不同的影响。其中，卷入、参与以及自我表达型品牌都对认知过程有积极影响；卷入和自我表达型品牌对情感有积极影响；卷入和激活之间也有积极联系，而自我表达型品牌则对激活缺乏作用。根据 Chen 和 Hollebeek（2014）的研究，品牌契合有积极和消极之分，不同的前置因素会对积极/消极的品牌契合的不同维度产生影响（见图 6 –2）；并且品牌契合的三个维度之间也存在联系，沉浸和激情会对激活产生影响。

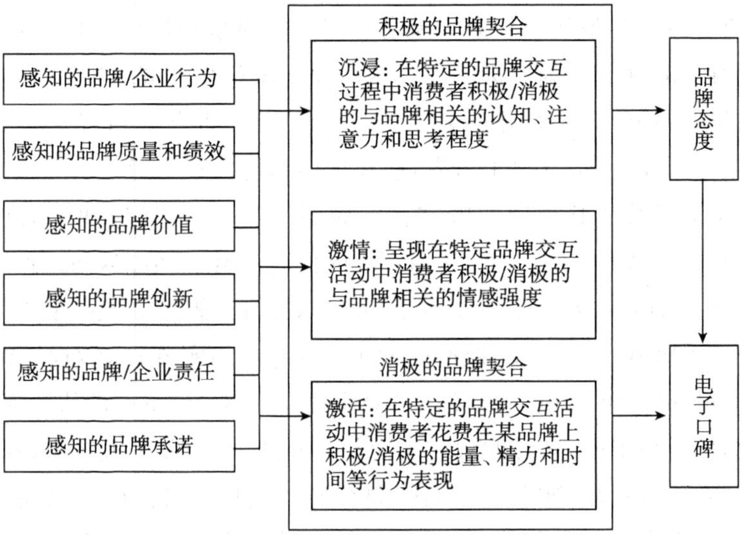

图 6 –2　积极/消极的品牌契合的关键特征、驱动因素和结果

资料来源：Chen 和 Hollebeek（2014）。

为了使品牌契合的前置因素研究更具全面性，Hepola（2015）在内容消费情境中研究检验了五个驱动因素（即社区、信息、娱乐、认知、报酬）对行为层面的在线品牌契合的影响。研究表明，社区、娱乐以及信息对行为层面的在线品牌契合有轻微影响，认知对其无显著影响，报酬对其有微弱的负向影响；品牌承诺和品牌信任同时也是行为层面的在线品牌契合的前置因素。而 Karjaluoto 等（2015）认为，通过社交媒体追随某一品牌并且获得与社区、娱乐、认知以及经济相关的利益的顾客，更有可能对该品牌形成契合；而社区体验是社交媒体中顾客品牌契合的主要驱动因素。与 Hepola 的研究结论不同的是，Karjaluoto 等（2015）首次提出信息对 Facebook 品牌社区契合的形成没有影响。另外，Mollen 和 Wilson（2010）通过研究发现互动性、心流以及远程呈现（Telepresence）等因素也会影响在线品牌契合。最后，王强等（2015）从成员互动的角度出发研究了工具性互动和关系性互动对消费者在线社区契合和品牌契合的影响，并且检验了 E－社会资本的中介作用。他们发现，成员在社区中进行深入的互动能够为其带来社会资本，引发对社区的信任与互惠行为，对社区产生强烈的归属感和社区契合。而在线品牌社区作为品牌的载体，成员对社区的契合状态会自然而然地转化到品牌上来，有利于其形成对品牌的契合。

当品牌被顾客真正接受，成为一个被顾客契合的品牌时，会对该品牌绩效产生显著影响。品牌契合对于产生卓越的组织绩效结果，包括增长的顾客忠诚、销售增长以及卓越的竞争优势和利润率有积极的作用。而最新的研究显示，较高水平的品牌契合对品牌忠诚、品牌承诺、购买意愿、品牌至爱和钱包份额等都有着显著影响。

首先，品牌忠诚是品牌契合的重要结果变量。研究表明，自我概念的品牌契合对品牌忠诚有着显著影响。拥有高自我概念品牌契合的顾客，在考虑自身喜爱的品牌时，价格、时间敏感性会更低。类似地，Vieira 和 Afonso（2011）的研究也指出，自我概念的品牌契合会对顾客忠诚产生影响，除此之外，还会影响顾客的品牌知识、注意力和偏好等。在社交媒体情境下，Pham 和 Tran（2014）通过研究发现，参与社区和交易是品牌社区契合的行为表现，这两种契合行为会通过社会利益（如帮助别人、分享想法）和经济利益（如得到抵用券、加入旅游促销活动）的中介作用对顾客忠诚产生显著影响。同时，品牌契合也有助于提高消费者品牌关系质量（包括信任、承诺和满意），进而对顾客忠诚发生作用，其概念模型图如图 6－3 所示。以上学者是将品牌契合作为一个整体概念来研究其对品牌忠诚的影响，而 Leckie 等（2016）则分别研究了品牌契合的三个维度对品牌忠诚的影响。研究表明，情感和激活对品牌忠诚有积极影响，而认知过程对品牌忠诚则作用不大。

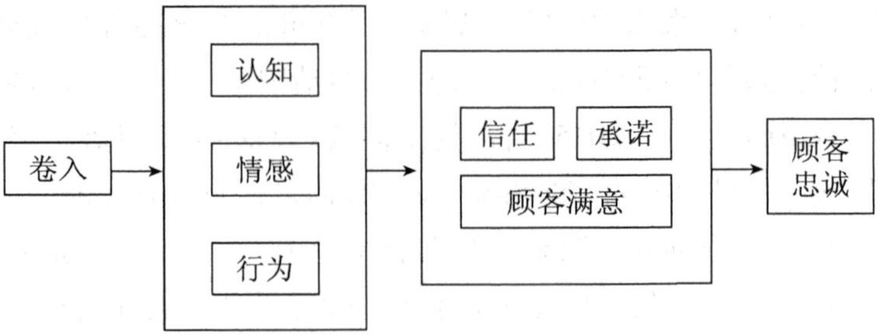

图 6－3　品牌契合的因果模型

资料来源：Hollebeek(2011)。

除了品牌忠诚，很多学者还在社交媒体情境下就品牌契合对其他结果变量的影响进行了深入研究。例如，品牌承诺是消费者对特定品牌或企业的一种依恋，被认为是一种态度性的忠诚。通过社会认知理论可知，一旦成员对组织作出态度承诺，他们在行为上也会表现出对组织的支持。Cheung 等(2012)通过对 Facebook 使用者的实证分析得出，消费者通过特定形式的积极参与，产生对品牌社区的契合，形成在线社区承诺，从而影响消费者的品牌承诺、购买意愿和口碑传播等，最终形成品牌忠诚。因此，在线品牌社区契合会通过在线品牌社区承诺直接或间接地影响品牌忠诚，其模型图如图 6－4 所示。同时，感知利益在此过程中也是至关重要的，因为它会促使社区中的成员更愿意去进行可以带来积极回报和成就的行为。作为消费者品牌关系领域的重要概念，品牌至爱也是品牌契合的重要结果变量。根据 Vernuccio 等(2015)的研究，品牌的社交互动契合(Social Interactive Engagement)会通过一种个体感知到的归属感对品牌至爱发挥积极作用。另外，也有研究显示，消费者可以自由加入他们喜欢的社交网络中的品牌社区，通过持续的交流过程促进品牌社区契合，从而对品牌购买意愿产生显著的正向影响。最后，钱包份额(Share of Wallet)也是对顾客行为忠诚的一个主要的测量指标。根据 Karjaluoto 等(2015)的研究，品牌契合对消费者钱包份额有正向影响。在社交媒体情境中，契合的顾客会比非契合的顾客在品牌上花费更多的金钱。另外，顾客对品牌的感知创新性(Perceived Innovativeness)会对品牌契合与钱包份额的关系起正向调节作用。也就是说，感知创新度越高，品牌契合与顾客钱包份额之间的正向关系就越强。

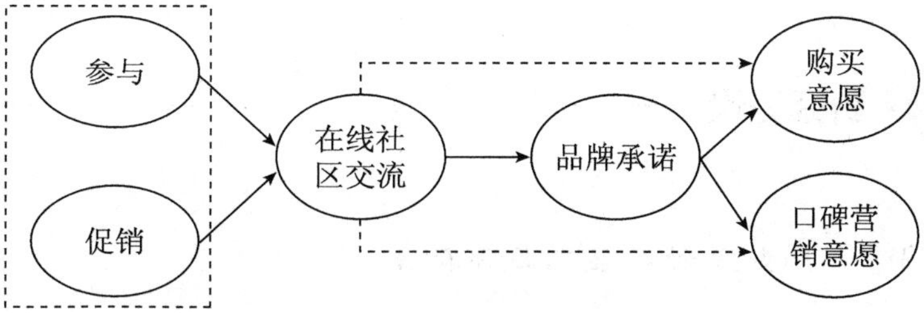

图 6－4 社交网站中品牌社区契合行为的影响模型

资料来源：Cheung 等（2012）。

综上所述，尤其是在社交媒体情境下，品牌契合在加强顾客和品牌关系方面的重要性持续增加。在已有顾客契合相关研究的基础上，学者们对品牌契合的前因及结果研究发现了许多有价值的新结论，总结来看如图 6－5 所示。然而，由于该领域刚刚起步，不同学者的研究质量参差不齐，因而也表现出一些明显的不足之处。例如，对于有些理论和概念模型还需要在选取更多、更广泛的样本基础上进行更严谨的实证研究，以提高研究结论的有效性和普遍性。其次，各变量之间的关系也缺乏一致的结论，尚不明晰。例如，有的学者把品牌承诺和品牌卷入作为在线品牌契合的前置因素，也有学者将其作为结果变量，另外，还有研究将品牌承诺作为在线品牌契合和品牌忠诚关系的中介因素。这都说明该领域需要更多、更高质量的进一步研究。

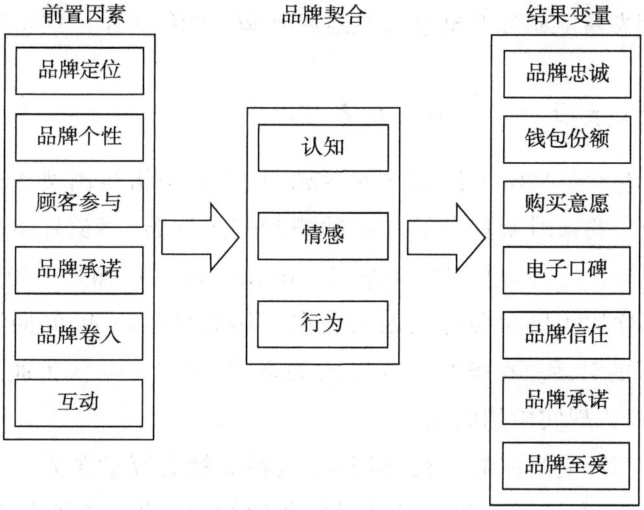

图 6－5 品牌契合的前因和结果研究结论总结

6.3 研究假设

6.3.1 感知互动与在线品牌契合

感知互动是指消费者感知到某个对象与自己有互动行为(Labrecque,2014)。研究发现,若消费者对网站的互动性有较高的感知度,则会带来更高的卷入度。消费者与网站互动的倾向也会积极影响其对网站的态度和购买倾向。而且,感知互动会积极影响消费者对品牌网站的态度。当消费者感知到网站与其之间的互动性时,会更加喜欢该网站(Thorson 和 Rodgers,2006)。另外,以博客为载体的互动会引发对品牌社区的信任与互惠行为,对社区产生强烈的归属感和社区契合。当消费者感知到品牌对其的回应时,会以对品牌有利的顾客自愿行为来回报企业,包括对企业的服务或产品积极的口碑和推荐。最后,王强等(2015)从成员互动的角度发现工具性互动和关系性互动对消费者在线社区契合具有显著的正向影响。因此,本研究提出如下假设:

H1a:消费者的感知互动会对在线品牌契合的认知维度产生正向影响。

H1b:消费者的感知互动会对在线品牌契合的情感维度产生正向影响。

H1c:消费者的感知互动会对在线品牌契合的行为维度产生正向影响。

6.3.2 类社会互动与在线品牌契合

类社会互动是来源于传播学的概念,它主要是指当消费者通过媒体与一个人物产生关系时所具有的互动欲望和幻想体验,感觉好像对方是现实存在的而且与自己有着互惠的关系(Labrecque,2014),如某个粉丝通过媒体看到自己喜欢的明星时会感觉该明星在直接对自己说话,倾向于相信这是一种“双向”的对话。在类社会互动的关系中,消费者会认为通过媒体看到的对象是自己“现实中的朋友”。

尤其是在社交媒体的在线环境中,这种类社会互动关系表现得更加普遍。研究表明,类社会互动会提升对象的感知可信度、亲密感和好感度,降低不确定感,并有效增强消费者契合和忠诚度。同样,消费者与品牌的类社会互动会对消费者态度和行为产生积极影响。Grant 等(1991)发现观众与某一电视节目主持人会产生一种类社会互动的关系,进而增强他们与角色的契合并购买节目中推荐的产品等。NASCAR 粉丝和车手之间也有一种类社会互动关系,这培养了粉丝对自己和车手的亲密关系,提升了对品牌的评价和口碑。另外,在社交媒体环境下类社会互动对品牌信息的口碑分享和品牌忠诚有着显著的积极影响,从而加强了消费者与品牌的关系。因此,本研究提出如下假设:

H2a:消费者与品牌的类社会互动会对在线品牌契合的认知维度产生正向影响。

H2b:消费者与品牌的类社会互动会对在线品牌契合的情感维度产生正向影响。

H2c:消费者与品牌的类社会互动会对在线品牌契合的行为维度产生正向影响。

6.3.3 在线品牌契合与品牌忠诚

品牌忠诚是在线品牌契合预期带来的重要积极结果。参与社区和交易是品牌社区契合的行为表现,这两种契合行为会通过感知利益的中介作用对顾客忠诚产生显著影响。研究显示,消费者可以自由加入他们喜欢的社交网络中的品牌社区,通过持续的交流过程促进品牌社区契合,从而对品牌忠诚和购买意愿产生显著的正向影响。另外,品牌契合对消费者钱包份额有正向影响,契合的顾客会比非契合的顾客在品牌上花费更多的金钱,而钱包份额则是对顾客行为忠诚的一个主要的测量指标。以上研究都是将品牌契合看作一个整体的构念来研究其与品牌忠诚之间的关系,而 Leckie 等(2016)在研究顾客品牌契合的三个维度对品牌忠诚的影响中发现,情感和激活对品牌忠诚有积极影响,认知过程对品牌忠诚则作用不大。另外,品牌契合也有助于提高消费者品牌关系质量(包括信任、承诺和满意),进而对顾客忠诚发生作用。在线品牌社区契合也会通过在线品牌社区承诺直接或间接地影响品牌忠诚。因此,本研究提出如下假设:

H3a:在线品牌契合的认知维度会对品牌忠诚产生正向影响。

H3b:在线品牌契合的情感维度会对品牌忠诚产生正向影响。

H3c:在线品牌契合的行为维度会对品牌忠诚产生正向影响。

6.3.4 在线品牌契合与网络口碑

在虚拟品牌社区、社交媒体等在线情境中，网络口碑的作用非常重要，它可以在无形中以无成本的方式发生并且在互联网上迅速传播。已有研究表明，在线品牌契合与消费者的品牌态度以及网络口碑之间具有明显的联系，消费者对品牌积极的契合有助于形成对特定品牌积极的网络口碑。当品牌赢得契合的顾客时，这些顾客中就会产生对品牌具有积极作用的口碑。另外，也有研究发现消费者对品牌社区的契合有利于形成积极的在线社区承诺，从而影响消费者的品牌承诺、购买意愿和网络口碑。因此，本研究提出如下假设：

H4a：在线品牌契合的认知维度会对网络口碑产生正向影响。

H4b：在线品牌契合的情感维度会对网络口碑产生正向影响。

H4c：在线品牌契合的行为维度会对网络口碑产生正向影响。

综上所述，本研究所提出的概念模型如图6－6所示。

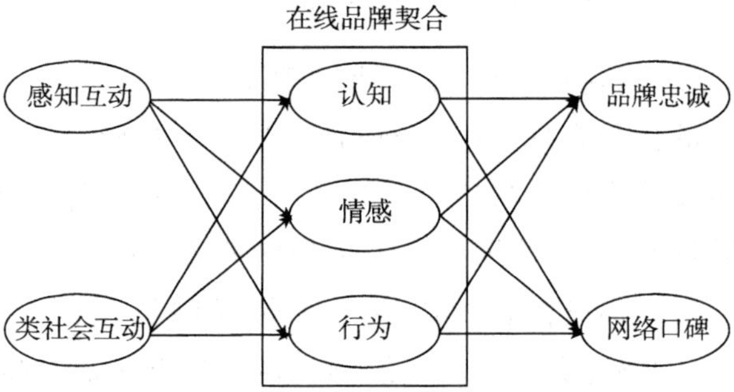

图6－6 本研究的概念模型

6.4 研究设计

6.4.1 变量测量

根据已有文献对在线品牌契合的研究方法，本书采用问卷调查法进行研究。本研究对感知互动、类社会互动、在线品牌契合、品牌忠诚、网络口碑五个变量的测量量表均来自以往文献中的成熟量表。各变量均采用 Likert

七点量表进行测量，从 1 到 7 表示“非常不同意”到“非常同意”，要求被访者在 1 - 7 的数字中选择一个数字以代表其同意的程度。另外，本研究对所有量表均遵照往返式翻译的要求，先由 1 名市场营销专业的博士将 5 个量表译成中文，再由另外 1 名市场营销专业博士回译成英文。经过两人反复讨论和 1 名营销学教授的审定，最终确定中文版本的量表。

6.4.2 数据收集与样本特征

本研究通过专业调查公司问卷星的样本库收集付费问卷 330 份，通过私信向微博用户随机发放的方式回收问卷 132 份。经过人工筛查和剔除前后不一致的问卷，本研究最终获得有效问卷 340 份，问卷发放时间是 2017 年 1—2 月。样本的描述性统计显示，男性占 35.6%，女性占64.4%；年龄在 20 岁以下的占 2%，20 ~ 30 岁的占 71.2%，31 ~ 40 岁的占 20.6%，41 岁以上的占 6.2%；学历在高中/中专以下的占 0.9%，大专/本科的占 65.9%，研究生及以上的占 33.2%；月收入在 3000 元以下的占 37.6%，3001 ~ 6000 元的占 37.9%，6000 元以上的占 24.5%。

6.5 数据分析与假设检验

6.5.1 量表的信度与效度分析

首先，本研究通过内部一致性和组合信度来检验各变量的信度。由表 6 - 3 可知，各一阶变量的 Cronbach's α 系数最小值为 0.795，符合大于 0.7 的标准，说明各变量的内部一致性较高。同时，各一阶变量的组合信度（CR）都高于 0.7 的标准，说明组合信度都较高。

其次，变量的效度分析包括收敛效度和区分效度。通过对各一阶变量进行验证性因子分析，测量模型与数据的拟合指标为：$CMIN/DF = 1.920 < 3$，$p = 0.000 < 0.001$，$RMSEA = 0.064 < 0.08$，$GFI = 0.942 > 0.9$，$AGFI = 0.909 > 0.9$，$NFI = 0.940 > 0.9$，$CFI = 0.930 > 0.9$，$IFI = 0.901 > 0.9$。说明模型与数据的绝大部分检验指标都达到了适配标准，因此该测量模型的适配度较好。四个一阶变量测项的标准因素载荷量均大于 0.5，说明这四个变量的测项对这一变量的解释能力都比较好。而且各潜变量平均提炼方差（AVE）最小值为0.512，大于门槛值0.50。这说明本研究所采用的一阶变量量表具有较高的收敛效度。

表6-3　各一阶变量的信度和效度检验

变量	测项	标准因素载荷	T值	AVE	CR	Cronbach's α 系数
感知互动	PI1	0.820	—	0.627	0.870	0.795
	PI2	0.848	16.477***			
	PI3	0.739	14.616***			
	PI4	0.756	13.493***			
类社会互动	PSI1	0.748	—	0.512	0.862	0.885
	PSI2	0.785	12.174***			
	PSI3	0.780	10.792***			
	PSI4	0.645	9.957***			
	PSI5	0.592	7.875***			
	PSI6	0.721	9.309***			
品牌忠诚	BL1	0.754	—	0.604	0.858	0.851
	BL2	0.669	11.588***			
	BL3	0.794	14.922***			
	BL4	0.878	15.289***			
网络口碑	WOM1	0.809	—	0.616	0.827	0.820
	WOM2	0.856	15.949***			
	WOM3	0.679	13.205***			
CMIN/DF = 1.920, p = 0.000, RMSEA = 0.064, GFI = 0.942, AGFI = 0.909, NFI = 0.940, CFI = 0.930, IFI = 0.901						

注：***表示在 $p<0.001$ 的水平（双侧）上显著。

表6-4显示了感知互动、类社会互动、品牌忠诚与网络口碑四个一阶潜变量间的相关系数与其AVE平方根。可见，各一阶潜变量的AVE平方根均大于这一变量与其他变量的相关性系数，说明各一阶潜变量之间具有良好的区分效度。

表 6 - 4 各一阶变量 AVE 平方根和相关系数

变量	感知互动	类社会互动	品牌忠诚	网络口碑
感知互动	0.792			
类社会互动	0.590**	0.715		
品牌忠诚	0.297**	0.613**	0.777	
网络口碑	0.293**	0.598**	0.674**	0.785

注：**表示在 $p<0.01$ 的水平(双侧)上显著。对角线上的加粗数字为各潜变量的 AVE 平方根。

由于在线品牌契合是一个二阶潜变量，包含了认知、情感、行为三个维度，本研究单独对其进行二阶验证性因子分析，认知、情感、行为三个维度变量之间具有共变关系。由表 6 - 5 可知，在线品牌契合各维度的 Cronbachs' α 系数最小值为 0.717，符合大于 0.7 的标准，说明各维度的内部一致性较高。同时，各维度的组合信度(CR)都高于 0.7 的标准，说明组合信度都较高。

表 6 - 5 在线品牌契合的信度和效度检验

变量	测量题项	标准因素载荷	T 值	AVE	CR	Cronbach's α 系数
认知	BE1	0.649	—	0.514	0.807	0.801
	BE2	0.738	10.718***			
	BE3	0.813	11.079***			
	BE4	0.654	10.758***			
情感	BE5	0.714	—	0.525	0.814	0.782
	BE6	0.798	13.408***			
	BE7	0.778	12.909***			
	BE8	0.591	8.919***			
行为	BE9	0.726	—	0.612	0.825	0.717
	BE10	0.847	8.741***			
	BE11	0.768	9.338***			
CMIN/DF = 2.296, p = 0.000, RMSEA = 0.052, GFI = 0.959, AGFI = 0.928, NFI = 0.947, CFI = 0.921, IFI = 0.969						

注：***表示在 $p<0.001$ 的水平(双侧)上显著。

另外，通过对在线品牌契合进行二阶验证性因子分析，测量模型与数据的拟合指标为：CMIN/DF = 2.296 < 3，p = 0.000 < 0.001，RMSEA = 0.052 < 0.08，GFI = 0.959 > 0.9，AGFI = 0.928 > 0.9，NFI = 0.947 > 0.9，CFI = 0.921 > 0.9，IFI = 0.969 > 0.9。这说明模型与数据的绝大部分检验指标都达到了适配标准，因此该测量模型的适配度较好。同时，各维度的标准因素载荷量均大于0.5，而且各维度的平均提炼方差（AVE）最小值为0.514，大于门槛值0.50。这说明本研究所采用的在线品牌契合量表具有较高的收敛效度。

由表6-6可知，在线品牌契合的各维度的AVE平方根分别为0.717、0.725、0.782，均大于这一变量与其他变量的相关性系数，可以说明这三个维度的量表具有较高的区分效度。

表6-6　在线品牌契合各维度的AVE平方根和相关系数

各维度变量	认知	情感	行为
认知	0.717		
情感	0.627**	0.725	
行为	0.533**	0.575**	0.782

注：**表示在 $p<0.01$ 的水平（双侧）上显著。对角线上的加粗数字为各潜变量的AVE平方根。

6.5.2　共同方法偏差检验

根据Podsakoff等（2003）的建议，本研究通过问卷反向编码、强调问卷的匿名性与数据用途以及数据来源多样化等多种措施在一定程度上降低了共同方法偏差的可能性。然而，为了进一步避免共同方法偏差影响数据的效度和模型检验，本书首先采用Harman的单因子检验法，即对全部构念测项进行探索性因子分析，如果未旋转之前的第一个因子方差解释率超过50%，则说明共同方法偏差较高。本研究采用SPSS 20.0进行计算，其结果显示第一个因子的方差解释率为42.30%，小于50%。另外，本研究中各构念之间的相关系数远小于0.9，这都说明数据的共同方法偏差在可接受的范围之内。

6.5.3　假设检验

本研究运用AMOS 20.0软件通过结构方程模型中的潜变量路径分析方法

对所有假设进行检验。通过增列测项误差值之间的共变关系对模型进行一次修正之后，得到的模型适配度指标为：$CMIN/DF = 634.227/321 = 1.976 < 3, p = 0.000$，$GFI = 0.884$（临界值 > 0.90），$AGFI = 0.853$（临界值 > 0.90），$RMSEA = 0.054 < 0.08$，$PGFI = 0.699 > 0.50$，$IFI = 0.937 > 0.90$，$TLI = 0.925 > 0.90$，$CFI = 0.937 > 0.90$。综合判断，大多数适配指标达到标准，所以本研究修正后的模型与数据的整体适配度是良好的。路径分析和假设检验结果如表 6－7所示。其中，大部分假设得到验证，但认知对品牌忠诚的影响不显著（$\beta = 0.128, t = 0.888, p > 0.05$），对网络口碑的影响也不显著（$\beta = 0.189, t = 1.227, p > 0.05$），因而假设 H3a 和 H4a 未得到验证，这说明在线品牌契合的认知维度并不足以带来品牌忠诚和网络口碑，究其原因也有一些合理的解释。已有文献曾指出，品牌契合与品牌忠诚之间的关系是非线性的，品牌契合的维度对品牌忠诚的影响作用可能存在一个最佳点。因此，如果消费者对品牌的契合程度处于这个最佳点的下方，高契合度的消费者可能会由于倦怠和疲劳而从态度上表现出对品牌的低忠诚度。同时，品牌契合的认知、情感、行为维度是一个递进的过程，认知表现出的是一种低品牌契合，因此对品牌处于认知阶段的顾客没有产生对品牌的忠诚以及口碑也在情理之中。

表 6－7　路径分析与假设检验结果

路径关系	标准化路径系数	标准误差	T 值	假设检验
H1a：感知互动→认知	0.387	0.079	4.865***	得到验证
H1b：感知互动→情感	0.438	0.094	4.682***	得到验证
H1c：感知互动→行为	0.422	0.082	5.166***	得到验证
H2a：类社会互动→认知	0.498	0.191	7.837***	得到验证
H2b：类社会互动→情感	0.745	0.230	8.468***	得到验证
H2c：类社会互动→行为	0.779	0.224	7.947***	得到验证
H3a：认知→品牌忠诚	0.128	0.144	0.888	未得到验证
H3b：情感→品牌忠诚	0.690	0.122	2.384***	得到验证
H3c：行为→品牌忠诚	0.531	0.193	6.361***	得到验证
H4a：认知→网络口碑	0.189	0.154	1.227	未得到验证

续表

路径关系	标准化路径系数	标准误差	T 值	假设检验
H4b:情感→网络口碑	0.364	0.132	2.754***	得到验证
H4c:行为→网络口碑	0.456	0.213	6.828***	得到验证

注：***表示在 $p<0.001$ 的水平(双侧)上显著。

6.6 小结

基于感知互动和类社会互动的双重视角，本章研究了在线品牌契合的前因后果。研究结果表明，感知互动和类社会互动对在线品牌契合的认知、情感、行为维度都具有显著正向影响；在线品牌契合的情感和行为维度对品牌忠诚和网络口碑具有显著的正向影响，但认知对品牌忠诚和网络口碑的作用并不明显。

7 结论与讨论

在梳理和综述粉丝消费行为理论和消费者文化理论的基础上，本书结合了不同情境和理论视角来研究粉丝与品牌之间的关系性质、特征、形成机制和作用结果。针对忠实粉丝与品牌的关系、体育粉丝与体育品牌的关系以及社交媒体粉丝与品牌的关系，本书分别研究了品牌崇拜的概念和维度、粉丝神圣感的形成和作用结果以及在线品牌契合的前因后果。对于不同的研究部分，作者运用了不同的研究方法，得出了各自的研究结论和发现，对相关研究领域做出了相应的理论贡献，总体上，对品牌在粉丝经济时代的营销方式给出了不同层面的策略建议。当然，本研究也存在不同程度的局限性和不足。接下来，本章将分别深入探讨品牌崇拜的概念和维度研究、粉丝神圣感的形成和作用结果研究以及在线品牌契合的前因后果研究的研究结论、理论贡献、实践启示、局限性和未来展望。

7.1 关于品牌崇拜的研究结论和讨论

7.1.1 研究结论和理论贡献

基于崇拜性维度理论，以苹果品牌的忠实粉丝为研究对象，本研究运用网络志方法界定了品牌崇拜的概念内涵并构建了其三维度模型。本研究认为，品牌崇拜是相对少数极度热诚的忠实粉丝对于某个品牌所形成的精神和情感依恋状态；品牌崇拜的三个维度分别是品牌信念、品牌崇敬感和品牌热诚，其中，品牌信念是指忠实粉丝对品牌所持有的坚定信念，具体包括对品牌价值观的高度认同、非理性偏执以及对品牌的未来抱有坚定的希望这三个方面；品牌崇敬感是指忠实粉丝对于品牌所产生的一种崇拜式体验，具体包括惊叹、敬畏和狂喜三个方面；品牌热诚是指忠实粉丝对于品牌所产生的崇拜式情感，具体包括感恩、依赖和忠贞三个方面。

在消费者品牌关系领域，以往学者们的研究主要集中在品牌关系质量（Founier，1998）、自我品牌关联（Escalas 和 Bettman，2003）、品牌依恋（Thomson，MacInnis 和 Park，2005）和品牌至爱（Carroll and Ahuvia，2006；Batra et al.，2012）等概念上。消费者品牌关系的性质和特征从侧重认知逐渐走向侧重情感，其内涵不断丰富，关系强度也不断增加。虽然有不少学者开始研究品牌的粉丝、敬畏感、神圣化现象，也提出了品牌崇拜的概念，但始终未能清晰地界定品牌崇拜的内涵，尚未从消费者品牌关系的角度揭示忠实粉丝与其所热衷的对象品牌之间的关系性质和特征。而本研究通过经验数据发现，忠实粉丝与其所热衷的对象品牌之间的关系已经超越了品牌依恋和品牌至爱这样的世俗情感依恋关系，开始向精神层面上升，具有了明显的崇拜特征，从而证实了品牌崇拜的存在。基于崇拜性维度理论，本研究界定了品牌崇拜的概念内涵并构建了其三维度模型，揭示了忠实粉丝与其所热衷的对象品牌之间的关系性质和特征。虽然品牌崇拜是少数最成功的品牌才具有的较为罕见的消费者品牌关系，但却真实地反映了消费者和品牌关系所呈现出的最新动态和可能实现的更高层次的关系强度。它拓展了学者们对消费者品牌关系的认知和理解，是对现有消费者品牌关系理论的补充。

另外，这一研究给我们带来的相关理论启示有以下两个方面：

第一，品牌可以为消费者提供精神层面的信念。在现代社会，随着消费主义的兴起，消费者作为社会人会产生对自我实现、价值观的精神需求。他们并非完全是经济学假设中的理性人，更是有情怀、有信仰的真实的人。根据 Shachar et al.（2011）的研究，品牌在一定意义上可以成为人们表达自我价值的工具，而最杰出的品牌可以作为一种价值观的载体来满足消费者的精神需求，如苹果品牌在其粉丝心目中象征着创新精神，耐克品牌象征着勇往直前的拼搏精神等。

第二，存在“信念—忠诚”路径与终极忠诚。品牌忠诚一直是品牌管理的重要目标。目前，学术界认为实现品牌忠诚的路径一般有两种，即“满意—忠诚”和“情感—忠诚”路径。然而，本书的研究发现品牌崇拜中所包含的品牌信念有助于产生一种排他性的、长期的、非理性的忠诚。因而事实上还存在着另一种忠诚路径，即“信念—忠诚”路径。另外，基于“手段—目的链”理论,前两种忠诚路径中消费者主要获得的是“工具性价值”,即产品和服务的功能属性和情感利益;而在“信念—忠诚”路径中,消费者也获得了“终极性价值”,即品牌在自我实现、形成信仰中的重要作用。因而品牌崇拜实现了从“工具忠诚”到“终极忠诚(ultimate loyalty)(Oliver, 1999)”的跨越。终极忠诚的存在是对品牌忠诚理论的补充。

7.1.2 实践启示

科特勒等(2011)认为,相对于营销1.0时代所侧重的产品和营销2.0时代所侧重的情感,营销3.0时代的营销重点是信念与价值观,使品牌达到思想、心灵和精神的层次,从而与消费者产生共鸣。本研究对品牌崇拜的研究结论再次印证了这一观点。基于本研究的发现和结论,我们认为中国营销者可以获得建立强大品牌并培养忠实粉丝的实践启示,具体包括:

第一,为品牌注入一种信念,即通过满足消费者潜在的精神层面的需求来选择并坚持一种品牌价值观和理念,开展价值观营销,从而激发消费者精神层面的认同和共鸣,以建立“信念型品牌”。

第二,通过令人敬畏的产品或服务塑造品牌崇敬感,即通过极致的、独特的、创新性的产品或服务体验来激发消费者对品牌的惊叹、尊重、敬畏等情绪体验。

第三,通过有意识地塑造企业家形象来吸引粉丝。当前,企业家已成为品牌人格化的重要载体和联想,也成为与消费者沟通的有力工具。企业应该重视企业家的前台化行为和形象塑造,利用各种新媒体加强企业家个人魅力和情怀对消费者的影响,发挥他们对消费者的精神引领作用,从而培育企业家的个人粉丝和品牌粉丝。

第四,通过品牌社群提升粉丝的归属感和情感依赖,即有意识地建立并发挥品牌社群的作用,重视通过互动来培养粉丝的社群归属感和对品牌的依赖感。另外,品牌也应该识别并重视这些购买量大、频率高的忠实粉丝,主动积极地听取他们对于品牌发展的意见和建议,将他们转化为合作伙伴和价值共创者。

7.1.3 研究局限和未来展望

本研究存在一些不足之处,这也为未来的相关研究提供了方向。

第一，品牌崇拜有其理论边界，主要存在于一些象征意义较强的消费品品牌、奢侈品品牌、体育俱乐部品牌、文化品牌以及专业级高端品牌等，并非一般的品牌所能达到。那么，究竟什么类型的品牌可以达到品牌崇拜的程度？这有待后续研究探讨。

第二，本研究仅对苹果这个典型品牌进行了深度研究，未来还需要研究更多的中外品牌案例以提高品牌崇拜理论的普遍性和有效性。

第三，本研究属于对品牌崇拜概念和维度的探索性研究，未来还需要对这一概念进行定量测量并开发其量表，从而研究品牌崇拜的前置因素、具体形成机制和行为后果等，以期为中国企业建立强大品牌提供更具体的建议。

最后需要说明的是，本研究仅是站在客观、理性的立场，从学术角度对品牌崇拜现象进行分析，主要讨论其能为品牌管理带来积极启示的一面，为中国企业建立强大品牌提供不同的、新的洞见，但并不鼓励盲目的“洋品牌崇拜”。本书也意识到品牌崇拜有可能会对消费者产生一些负面影响（如助长物质主义价值观等），这些伦理问题有待以后进一步探讨。

7.2 关于粉丝神圣感的研究结论和讨论

7.2.1 研究结论和理论贡献

基于心理学中的神圣化理论，以瑜伽粉丝为例，本研究引入粉丝神圣感作为中介变量和粉丝精神性作为调节变量，从粉丝神圣感的新视角构建了体育粉丝持久参与的形成机制模型。通过265份问卷调查、有中介的调节模型检验以及相关的数据分析结果，本研究最终得到的研究结论和相应的理论贡献如下：

第一，流体验对持久参与具有显著的正向影响（$\beta=0.263$，$p<0.001$），交融感对持久参与也具有显著的正向影响（$\beta=0.303$，$p<0.001$）。这与以往 Havitz 和 Mannell（2005），Kang 等（2013）以及 Decloe 等（2009）的相关研究结论是一致的。本研究通过中国情境的数据进一步验证了该假设，说明它在不同的体育项目情境和跨文化情境下确实具有良好的稳定性和可靠性，进一步提高了该结论的科学性。

第二，粉丝神圣感在流体验和交融感分别对于持久参与的正向影响过程中具有完全中介作用,其效应值分别为0.1292和0.1893。以往的研究仅发现流体验和交融感分别对持久参与具有显著的正向影响(Kang等,2013),而且流体验和交融感能够积极影响粉丝神圣感(McGinnis等,2012),但并未清晰地揭示出持久参与的具体形成机制。因而以神圣化相关理论为基础,本研究首次将粉丝神圣感作为中介变量来考虑,构建了体育粉丝持久参与的完整形成机制模型,并通过实证研究最终证实了其中介效应的存在。这一结论揭示了体育粉丝持久参与形成过程的"黑箱",从粉丝神圣感的视角为体育粉丝持久参与一项体育项目的动机提供了新的理论解释。

第三,粉丝精神性调节了上述粉丝神圣感的中介效应。以往的研究主要发现了粉丝神圣感的前置因素和作用结果的主效应(McGinnis等,2012),并未考虑粉丝个人特质的调节作用,这使得该理论缺乏必要的边界条件,不可避免地降低了其有效性。而根据神圣化相关理论,粉丝的神圣感感知与个人特质密切相关。因而本研究首次引入粉丝精神性这一调节变量,并通过研究证实了其在粉丝神圣感和持久参与形成过程中确实发挥着显著的调节效应。也就是说,粉丝精神性通过粉丝神圣感影响持久参与的整个过程会对流体验和交融感起到"放大"和"增强"的效果。这一结论进一步深化了粉丝神圣感和持久参与的具体形成机制,为其增添了必要的限制条件,是对粉丝神圣感和持久参与理论的完善。

7.2.2 实践启示

根据以上研究结论,本研究能够为瑜伽俱乐部和其他体育项目有效增强粉丝神圣感进而提升粉丝的持久参与意愿提供相应的营销策略建议,具体包括:

第一,体育营销者可以通过精心设计具有美感、神秘感和庄重感的场景、服装、音乐等物理环境,具有一定文化意义的专业动作和仪式,以及有意识的引导语等各种策略来提高粉丝在体育活动中的流体验感知;通过搭建社群和平台,重视培养参与者彼此之间互相交流、互帮互助的同志般友谊和情感氛围来提高粉丝的交融感感知。这样就可以有效激发出粉丝神圣感,进而提高粉丝对该体育项目的持久参与意愿。

第二,重点吸收粉丝精神性水平较高的学员。以往的体育营销者在营销过程中不知如何判别学员质量,在客户关系管理中处于被动地位。其实,他们可以通过实际观察、人格测评来识别并重点吸收和训练那些精神性水平较高的学员成为会员，因为他们能够通过流体验和交融感感受到更强的神圣感并产生更高的持续参与意愿和忠诚度，从而为体育俱乐部带来更多的利润。另外，体育营销者也可以在训练过程中增加“学员教育环节”，有意识地引导学员通过学习来提高粉丝精神性水平，从而有利于他们更好地感受神圣感进而提高参与意愿。

7.2.3 研究局限和未来展望

本研究有一定的研究局限，这也为开展相关的进一步研究提供了未来方向。

第一，本研究运用问卷调查法收集横截面数据进行研究，因而得到的各变量之间的研究结论属于相关关系，而非因果关系。后续研究可以采用实验法对相关假设进一步进行检验。

第二，本研究以瑜伽为具体情境，因而其研究结论具有一定的情境限制，后续研究应该在更多的体育项目上收集跨行业数据，以进一步提高研究结论的普遍性和有效性。

第三，本研究的相关结论更多地适用于精神参与度较高和具有文化象征意义的体育项目，如瑜伽、太极、武术、登山、长跑等，并非适合所有体育项目。因而营销实践者在使用本研究结论时应注意其理论边界。那么，精神参与度究竟是如何影响粉丝神圣感的？究竟哪些具体体育项目会刺激出粉丝神圣感？这些都有待进一步探讨。

第四，受时间和资金等研究资源所限，本研究的样本数量较小，而且限制在西部某省会城市，后续研究应该扩大样本量并打破地域限制，从而提高研究结论的普遍性。

7.3 关于在线品牌契合的研究结论和讨论

7.3.1 研究结论和理论贡献

基于感知互动和类社会互动的双重视角，本研究探讨了在线品牌契合

的前因后果。通过实证研究,本研究得出的研究结论和理论贡献如下:

第一,感知互动对在线品牌契合的认知、情感和行为三个维度分别具有显著的正向影响。以往文献中仅有王强等(2015)从成员互动的角度研究工具性互动和关系性互动对消费者在线社区契合的影响,而本研究发现当消费者感知到品牌通过社交媒体等在线环境与自己进行互动时,会明显加强对该品牌的注意力、兴趣、情感依恋、参与和行为意向,从而加强消费者与品牌之间的关系。

第二,类社会互动对在线品牌契合的认知、情感和行为三个维度分别具有显著的正向影响。以往的品牌契合研究文献并未考虑类社会互动这种互动形式,而本书从传播学领域引入类社会互动这一前因变量进行研究。结果发现,类社会互动对在线品牌契合具有显著的正向影响,这说明消费者的在线品牌契合不仅仅是由品牌的互动行为产生的,也与消费者内在的个人因素有关,即消费者单方面、主动积极的互动欲望和幻想体验。

第三,在线品牌契合对品牌忠诚和网络口碑具有显著的正向影响。当消费者在情感和行为维度契合于某一品牌时,会对该品牌更忠诚,而且通过社交媒体对这一品牌形成积极口碑。这一研究结论与以往学者们在常规情境下对品牌契合的研究结论是一致的,进一步验证了该结论在不同的样本情境下具有良好的稳定性。

7.3.2 实践启示

本研究的相关研究结论能够为品牌营销者提供一些实践启示和建议,具体包括:

第一,积极实施在线品牌契合的营销策略。本书研究结论显示,在线品牌契合能够明显带来积极的营销结果。那么,在当前移动互联网盛行的新环境下,品牌应该积极实施在线品牌契合策略,采取措施通过社交媒体不断加强消费者与品牌的在线品牌契合,将消费者转化为品牌的粉丝。

第二,通过加强消费者的感知互动提升在线品牌契合。移动互联网技术的发展给营销者提供了与消费者进行双向交流的途径和条件,使得消费者获得品牌的直接回应成为一种可能。当消费者在品牌的微博、微信公众号或社区发表评论时,品牌应该对其评论进行回复,从而拉近消费者与品牌之间的直接距离。

第三，重视消费者与品牌之间的类社会互动。营销实践者应该通过各类社交媒体提高品牌的知名度和个性以拉动消费者对品牌的主动关注和兴趣，维持品牌在消费者周围的“身边存在感”，从而提升消费者与品牌进行类社会互动的可能性。另外，在社交媒体上主动关注某品牌的粉丝一般都是与该品牌类社会互动程度较高的消费者，因而品牌应该以他们为主要对象进行互动，从而将一般粉丝最大限度地转化为“契合的粉丝”。

7.3.3 研究局限和未来展望

社交媒体情境下的在线品牌契合研究方兴未艾，是对粉丝—品牌关系的进一步拓展，对于在移动互联网背景下加强粉丝和品牌关系有着十分重要的理论价值和实践意义。本研究仍存在一些不足之处，这也为后续进一步的研究提供了方向，具体包括以下几个方面：

第一，本研究采用问卷调查法获取横截面数据，其研究发现和结论只能证明这些变量之间存在的相关关系而非因果关系。因此，后续研究可以采用实验法进行因果关系研究。

第二，在样本数据方面，本研究采取专业调查公司付费方式和微博方式收集数据，但总体有效问卷样本量还不够大。而且样本分布具有一定的局限性。因此，未来的研究需要克服这些局限，收集更大规模、跨品类、跨地区的数据进行研究。

第三，学者们可以采用其他视角或理论基础继续研究在线品牌契合可能存在的前置因素，从而深化对该领域的研究。目前对品牌契合前因的研究结论较多，如品牌个性、顾客参与、品牌卷入、互动性等，但还缺乏一致的结论，因而需要更多的实证研究对相关研究结果进行确认。

第四，品牌契合概念的分类界定。虽然契合的概念已经被广泛采用，但是已有的文献表明，围绕契合概念的相关定义的混淆在营销学中仍然是存在的。如社交媒体情境下的品牌契合、在线环境下的消费者品牌契合、虚拟品牌社区契合、在线品牌社区契合等。关于品牌契合的定义，学者们需要进一步进行分类界定，使得相关概念更加精确并互相之间有所区别。

第五，对品牌契合的结果变量研究需要进一步深化。目前学者们对品牌忠诚作为品牌契合结果变量的结论是比较认同的，他们也验证了品牌契合导致的态度或行为忠诚，但对这一关系模型中的中介或者调节变量的研究学者们的结论尚不一致。同时,对自我概念的品牌契合结果变量的研究还是非常少的,未来可以加强在这方面的实证研究。大部分学者将品牌契合作为一个整体概念去研究其可能带来的结果,而 Leckie 等(2016)则提出品牌契合的不同维度对品牌忠诚的影响是不同的,未来的研究也可以对这一问题进行更多的实证探索。

附　录

附录1　品牌崇拜的概念和维度研究访谈提纲

一、受访者个人信息

1. 年龄、收入水平、职业、品牌使用时间；
2. 兴趣爱好；
3. 成长背景。

二、基础问题:粉丝与品牌的故事(起到甄别作用,决定是否进入第三环节)

1. 你是怎么了解并开始使用该品牌的?
2. 你什么时候发现自己开始喜欢该品牌?是怎样的故事?
3. 你能分享一些与该品牌的让你难忘的故事吗?
4. 你是否热爱该品牌?能详细说说你对它的感觉吗?
5. 你觉得自己与该品牌是怎样的一种关系?请您描述一下。
6. 你是否能感受到这个品牌的象征意义或者价值观?

三、核心问题:品牌崇拜相关的问题

1. 有的人将这个品牌视作精神图腾,你觉得呢?
2. 你在个人生活中是否有与这个品牌有关的某种信仰?
3. 你觉得自己对这个品牌有一种崇敬感吗?如果有,为什么呢?请详细说说。
4. 你觉得自己算是对这个品牌比较狂热的人吗?如果是,请详细谈谈你的具体表现。

附录2　粉丝神圣感的形成和作用结果调查问卷

瑜伽馆名称：　　　　　调查时间：　　年　　月　　日

尊敬的女士/先生：

您好！首先感谢您在百忙之中接受我们的问卷调查。本问卷是有关我们针对瑜伽粉丝或爱好者的一项研究，此问卷仅用于学术研究，选项没有对错之分，匿名调查，请您放心地按真实感受选择答案，我们会保护您的隐私。您的意见对研究很重要，非常感谢您的支持！

1. 性别：□ 男　□ 女

2. 年龄：□ 20 岁以下　□ 20～30 岁　□ 31～40 岁　□ 41～50 岁　□ 51～60 岁　□ 60 岁以上

3. 学历：□ 高中/中专及以下　□ 大专/本科　□ 研究生及以上

4. 个人平均月收入(RMB)：□ 3000 元以下　□ 3001～6000 元　□ 6000 元以上

5. 练习频率：您多久练习一次瑜伽？

□ 每周 1 次以下　□ 每周 1 次　□ 每周 2～3 次　□ 每周 4～5 次　□ 每周 5 次以上

6. 您练习瑜伽多久了？

□ 1 年以内　□ 1～2 年　□ 2～3 年　□ 3～4 年　□ 4～5 年　□ 5 年以上

题　目	非常不同意	不同意	有点不同意	不确定	有点同意	同意	非常同意
当我练习瑜伽时，很难忍受他人一些不尊重的行为（如大声喧哗、吃零食等）	1	2	3	4	5	6	7
当我练习瑜伽时，我能感受到身体神奇般的舒畅	1	2	3	4	5	6	7
观看专业的瑜伽练习者（教练或大师）的表演，总是令人惊叹和敬畏，是一种神圣的体验	1	2	3	4	5	6	7

续表

题目	非常不同意	不同意	有点不同意	不确定	有点同意	同意	非常同意
我觉得练习瑜伽时的气氛是有魔力的	1	2	3	4	5	6	7
当我想到瑜伽的发源地和创始人时会有一种神圣感	1	2	3	4	5	6	7
专业瑜伽馆对我来说是个神圣的地方	1	2	3	4	5	6	7
花费在练习瑜伽上的时间对我的内心而言是神圣的	1	2	3	4	5	6	7
练瑜伽的体验对我来说是神圣的	1	2	3	4	5	6	7
与瑜伽有关的收藏品对我来说是神圣的	1	2	3	4	5	6	7
有关瑜伽的仪式是神圣的	1	2	3	4	5	6	7
瑜伽是一种从每天的劳累中解脱并获得快乐的过程	1	2	3	4	5	6	7
当我练瑜伽时,我的注意力高度集中	1	2	3	4	5	6	7
当我练瑜伽时,我惊讶地发现自己竟然忘记了时间	1	2	3	4	5	6	7
当我练瑜伽时,我能够全心投入	1	2	3	4	5	6	7
当我练瑜伽时,时间似乎过得很快	1	2	3	4	5	6	7
我发现瑜伽是一个释放自我的体验	1	2	3	4	5	6	7
当我练瑜伽时,我感到我和其他瑜伽伙伴有一种志趣相投的友情	1	2	3	4	5	6	7
当我练瑜伽时,我感觉我和我的瑜伽伙伴会产生某种联系,而这种感觉在瑜伽课程之外是我无法体会到的	1	2	3	4	5	6	7
当我练瑜伽时,我感觉到和其他瑜伽伙伴之间有一种归属感	1	2	3	4	5	6	7

续表

题目	非常不同意	不同意	有点不同意	不确定	有点同意	同意	非常同意
当我练瑜伽时，我能感受到和其他练习者之间的和谐	1	2	3	4	5	6	7
当我练瑜伽时，我会有一种和其他练习者分享的感觉	1	2	3	4	5	6	7
瑜伽真的能让我开始了解我的瑜伽伙伴	1	2	3	4	5	6	7
我相信生命是很有意义的	1	2	3	4	5	6	7
我相信死亡并不是生命的终结，而是另一种存在的方式	1	2	3	4	5	6	7
我们的宇宙存在着某种超越人类智慧的秩序和法则	1	2	3	4	5	6	7
我会努力去实现生命的价值	1	2	3	4	5	6	7
关注社会和身边的人对我来说十分重要	1	2	3	4	5	6	7
当活着是为了服务于某项重要的事业时，生命是最有价值的	1	2	3	4	5	6	7
当我看见人类的痛苦和不幸遭遇时，我很容易深深触动	1	2	3	4	5	6	7
有些时候我会感到自己与大自然是融为一体的，属于大自然的一部分	1	2	3	4	5	6	7
我觉得我的存在，与其他人是互相联系的	1	2	3	4	5	6	7
我经常能发现生活中的美	1	2	3	4	5	6	7
瑜伽对我来说很重要	1	2	3	4	5	6	7
练习瑜伽是我生活中最满意的事情之一	1	2	3	4	5	6	7
我对瑜伽很有兴趣	1	2	3	4	5	6	7
我真的很喜欢成为瑜伽练习者中的一员	1	2	3	4	5	6	7

续表

题 目	非常不同意	不同意	有点不同意	不确定	有点同意	同意	非常同意
我发现我业余生活的许多部分都是围绕瑜伽展开的	1	2	3	4	5	6	7
瑜伽在我的生活中扮演着重要角色	1	2	3	4	5	6	7
我喜欢和我的朋友谈起瑜伽	1	2	3	4	5	6	7
我的许多朋友都缘于练习瑜伽	1	2	3	4	5	6	7
当我在练习瑜伽时,我感觉真正在做自己	1	2	3	4	5	6	7

再次谢谢您的支持,祝您生活幸福,身体健康!

附录3　在线品牌契合的前因后果研究调研问卷

调查时间：　　年　　月　　日

尊敬的女士/先生：

您好！首先感谢您在百忙之中接受我们的问卷调查。本问卷是我毕业论文的调查问卷,此问卷仅用于学术研究,选项没有对错之分,匿名调查,请您放心地按真实感受选择答案,我们会保护您的隐私。

您的意见对本研究很重要,非常感谢您的支持!

1. 您是否通过在线社交媒体(如微博、微信、官网等)持续关注过某一品牌(下文用“该品牌代替”)?

□ 是(正式进入本次调研)　□ 否(结束本次调研)

请填写该品牌名称：

关注方式:□ 微博　□ 微信　□ 官网　□ 其他

关注所持续的时间:□ 1 年以内　□ 2～3 年　□ 3 年以上

2. 性别:□ 男　　□ 女

3. 年龄:□ 20 岁以下　□ 20～30 岁　□ 31～40 岁

□ 41～50 岁　□ 51～60 岁　□ 60 岁以上

4. 学历:□ 高中/中专及以下　□大专/本科　□ 研究生及以上

5. 个人平均月收入(RMB):□ 3000 元以下　□ 3001～6000 元

□ 6000 元以上

题　目	非常不同意	不同意	有点不同意	不确定	有点同意	同意	非常同意
如果我通过社交媒体@该品牌一条信息的话,该品牌会给我回复	1	2	3	4	5	6	7
该品牌会迅速、高效地回应我	1	2	3	4	5	6	7
该品牌可以让我直接和它交流	1	2	3	4	5	6	7

续表

题 目	非常不同意	不同意	有点不同意	不确定	有点同意	同意	非常同意
该品牌总是倾听我所说的	1	2	3	4	5	6	7
该品牌使我感到舒服,好像我与一个朋友在一起	1	2	3	4	5	6	7
当我与该品牌互动时,我感到自己和它距离很近	1	2	3	4	5	6	7
我能够与该品牌取得联系	1	2	3	4	5	6	7
我愿意倾听该品牌说了什么	1	2	3	4	5	6	7
我关心该品牌发生了什么	1	2	3	4	5	6	7
我希望该品牌可以实现它的目标	1	2	3	4	5	6	7
在浏览该品牌的社交账号推送内容时,总能刺激我去了解这个企业以及它的产品	1	2	3	4	5	6	7
每当我在浏览该品牌的社交账号推送内容时,时间总是过得很快	1	2	3	4	5	6	7
我使用该品牌,并且浏览它的社交账号推送的内容,因为它能吸引我的注意力	1	2	3	4	5	6	7
我发现该品牌社交账号推送的帖子非常有用	1	2	3	4	5	6	7
使用该品牌以及和它进行在线互动使我非常愉悦	1	2	3	4	5	6	7
我对该品牌的社交账号推送内容非常感兴趣	1	2	3	4	5	6	7
该品牌社交账号推送内容非常有趣	1	2	3	4	5	6	7
我对该品牌具有某种情感依恋	1	2	3	4	5	6	7
当该品牌进行新产品/服务开发时,我愿意贡献自己的建议来帮助它	1	2	3	4	5	6	7
我为该品牌的帖子点过赞或转发过	1	2	3	4	5	6	7
我积极主动地参与到该品牌的社交账号中	1	2	3	4	5	6	7
我坚定地购买该品牌的产品	1	2	3	4	5	6	7

续表

题目	非常不同意	不同意	有点不同意	不确定	有点同意	同意	非常同意
我从该品牌购买产品是非常可能的	1	2	3	4	5	6	7
未来我打算保持对该品牌的忠诚	1	2	3	4	5	6	7
我不会停止购买或支持该品牌	1	2	3	4	5	6	7
我认为自己是该品牌一个忠实的消费者	1	2	3	4	5	6	7
我会通过社交媒体向其他人推荐该品牌	1	2	3	4	5	6	7
我会通过社交媒体向其他人介绍该品牌	1	2	3	4	5	6	7
我会通过社交媒体向其他人讲述关于该品牌积极的事情	1	2	3	4	5	6	7

再次谢谢您的支持,祝您生活幸福,身体健康!

参考文献

[1][法]爱弥尔·涂尔干.宗教生活的基本形式[M]. 渠东, 汲喆,译. 上海:上海人民出版社,2006.

[2][英]阿尔弗雷德·诺思·怀特海.宗教的形成·符号的意义及效果[M].周邦宪,译.南京:译林出版社,2012.

[3][英]安东尼·吉登斯. 社会学方法的新规则:一种对解释社会学的建设性批判[M].田佑中, 刘江涛,译.北京:社会科学文献出版社,2003.

[4][美]彼得森,等.理性与宗教信念:宗教哲学导论:(第三版)[M]. 孙毅,游斌,译.北京:中国人民大学出版社,2005.

[5]陈昌文.宗教与社会心理[M].成都:四川人民出版社,2003.

[6][英]库比特.生活:一种正在来临的生活宗教[M].王志成,朱彩虹,译.北京:宗教文化出版社,2004.

[7][法]德里达·瓦蒂莫.宗教[M].杜小真,译.北京:商务印书馆,2006.

[8]谷生然.社会信仰论[M].北京:社会科学出版社,2009.

[9][德]哈贝马斯. 哈贝马斯精粹[M].曹卫东,译.南京:南京大学出版社,2004.

[10][英]亨特.宗教与日常生活[M].王修晓,林宏,译.北京:中央编译出版社,2010.

[11]荆宁宁, 李德峰. 顾客契合研究综述[J]. 外国经济与管理, 2015, 37(7):33-45.

[12]洪汉鼎. 诠释学:它的历史和当代发展[M]. 北京:人民出版社,2001.

[13][美]汉伦.品牌密码[M].冯学东,等,译.北京:机械工业出版社,2007.

[14]姜岩，董大海. 品牌依恋理论研究探析[J]. 外国经济与管理，2008，348(2):51－59.

[15]蒋逸民. 社会科学方法论[M]. 重庆:重庆大学出版社,2011.

[16]金明. 品牌钟爱结构维度、影响因素及其对品牌忠诚的作用机制研究[D]. 杭州:浙江大学，2011.

[17][美]劳伦斯·维森特. 传奇品牌:诠释叙事魅力，打造致胜市场战略[M]. 钱勇，张超群,译. 杭州：浙江人民出版社，2004.

[18]李光斗. 品牌拜物教[M]. 上海:复旦大学出版社,2009.

[19]刘伟,王新新. 粉丝作为超常消费者的消费行为、社群文化与心理特征研究前沿探析[J]. 外国经济与管理，2011，33(7):41－49.

[20]刘伟,王新新. 消费者文化理论的哲学、内容与方法:消费者研究的另一种范式[J]. 外国经济与管理,2013,35（1）:12－20.

[21][美]罗纳德·L. 约翰斯通. 社会中的宗教:一种宗教社会学[M]. 袁亚愚，钟玉英,译. 成都:四川人民出版社,2012.

[22][美]蒙克,等. 宗教意义探索[M]. 朱代强,等,译. 成都:四川人民出版社,2010.

[23][美]马克·皮尔森. 很久很久以前:以神话原型打造深植人心的品牌[M]. 许晋福,等,译. 汕头:汕头大学出版社,2003.

[24][英]麦克·阿盖尔. 宗教心理学导论[M]. 陈彪,译. 北京:中国人民大学出版社,2005.

[25][美]斯达克,芬克. 信仰的法则:解释宗教之人的方面[M]. 杨凤岗,译. 北京:中国人民大学出版社,2004.

[26][德]施莱尔马赫. 论宗教[M]. 邓安庆,译. 北京:人民出版社,2011.

[27]汪涛,等. 讲故事,塑品牌:建构和传播故事的品牌叙事理论——基于达芙妮品牌的案例研究[J]. 管理世界,2011,210（3）:112－123.

[28]卫海英，骆紫薇. 社会互动中的品牌至爱生成机制——基于释义学的研究[J]. 中国工业经济，2012(11):135－147.

[29][美]威廉·詹姆士. 宗教经验之种种:人性之研究[M]. 金钺,译. 北京:商务印书馆,2002.

[30]万俊人. 信仰危机的“现代性”根源及其文化解释[J]. 清华大学

学报(哲学社会科学版),2001(1):22－29.

[31]王强,周志民,王丞. 基于在线品牌社群互动的消费者沉浸:E－社会资本的中介作用[C]. 上海:2015 年中国营销科学学术年会论文集,2015.

[32]温忠麟,张雷,侯杰泰.有中介的调节变量和有调节的中介变量[J].心理学报,2006,38(3):448－452.

[33]吴明隆. 结构方程模型:AMOS 的操作与应用[M]. 重庆:重庆大学出版社,2010.

[34]张立荣,管益杰,王詠.品牌至爱的概念及其发展[J]. 心理科学进展,2007,15(5):846－851.

[35]张庆熊. 社会科学的哲学:实证主义、诠释学和维特根斯坦的转型[M]. 上海:复旦大学出版社,2010.

[36][德]奥托.神圣者的观念[M].丁建波,译.北京:中国社会科学出版社,2009.

[37][美]朱克曼.宗教社会学的邀请[M].曹义昆,译.北京:北京大学出版社,2012.

[38]张新圣. 顾客契合:概念、测量与作用机制研究[D]. 青岛:青岛大学,2013.

[39]Acosta, P. M. Brand Cult: Going Beyond Brand Community [D]. Siena College Honors Theses, 2009.

[40]Albert, N., D. Merunka, P. V. Florence. When Consumers Love Their Brands: Exploring the Concept and Its Dimensions [J]. *Journal of Business Research*, 2008(61):1062－1075.

[41]Anderson, P. F. Marketing, Scientific Progress, and Scientific Method [J]. *Journal of Marketing*, 1983, 47(4): 18－31.

[42] Argyle, M. *Psychology and Religion: An Introduction* [M]. London: Routledge, 2000.

[43]Arnould, E. J., C. J. Thompson. Consumer Culture Theory (CCT): Twenty Years of Research [J]. *Journal of Consumer Research*, 2005, 31(4): 868－882.

[44]Arnould, E. J., E. Fischer. Hermeneutics and Consumer Research [J]. *Journal of Consumer Research*, 1994, 21 (1):55－70.

[45] Arnould, E. J., M. Wallendorf. Market – Oriented Ethnography: Interpretation Building and Marketing Strategy Formulation [J]. *Journal of Marketing Research*, 1994, 31(4): 484 – 504.

[46] Atkin, D. *The Culting of Brands: When Customers Become True Believers* [M]. New York: Penguin Group, 2004.

[47] Ballester, E. D., J. L. M. Aleman. Brand Trust in the Context of Consumer Loyalty [J]. *European Journal of Marketing*, 2001, 35(11/12): 1238 – 1258.

[48] Ballester, E. D., J. L. M. Aleman, M. J. Y. Guillen. Development and Validation of a Brand Trust Scale [J]. *International Journal of Market Research*, 2003, 45(1): 35 – 53.

[49] Batra, R., A. Ahuvia, R. P. Bagozzi, Brand Love [J]. *Journal of Marketing*, 2012, 76(3): 1 – 16.

[50] Bergkvist, L., T. Bech – Larsen, Two Studies of Consequences and Actionable Antecedents of Brand Love [J]. *Brand Management*, 2010, 17(7): 504 – 518.

[51] Belk, R. W., G. Tumbat. The Cult of Macintosh [J]. *Consumption, Markets and Culture*, 2005. 8(3): 205 – 217.

[52] Belk, R. W., M. Wallendorf, J. F. Sherry. The Sacred and the Profane in Consumer Behavior: Theodicy on the Odyssey [J]. *Journal of Consumer Research*, 1989, 6(16): 1 – 38.

[53] Belk, R. W., T. C. O'Guinn. Heaven on Earth: Consumption at Heritage Village, USA [J]. *Journal of Consumer Research*, 1989, 9(16/2): 227 – 238.

[54] Belk, R. W. A Naturalistic Inquiry into Buyer and Seller Behavior at a Swap Meet [J]. *The Journal of Consumer Research*, 1988, 14(4): 449 – 470.

[55] Bengtsson, A., J. Ostberg, D. Kjeldgaard. Prisoners in Paradise: Subcultural Resistance to the Marketization of Tattooing [J]. *Consumption, Markets and Culture*, 2005, 8(3): 261 – 274.

[56] Biswas, P. Social Sutra: Yoga, Identity, and Health in NewYork's Changing Neighborhoods [J]. *Health Culture and Society*, 2012, 3(1): 95 – 111.

[57] Bowden, J. L. H. The Process of Customer Engagement: A Conceptual Framework [J]. *Journal of Marketing Theory and Practice*, 2009, 17(1): 63 – 74.

[58]Brinberg, D., E. C. Hirschman, Multiple Orientations for the Conduct of Marketing Research: An Analysis of theAcademic/Practitioner Distinction [J]. *Journal of Marketing*, 1986, 50(4): 161 - 173.

[59]Brodie, R. J., Hollebeek L. D, Juri B. Customer Engagement: Conceptual Domain, Fundamental Propositions, and Implications for Research[J]. *Journal of Service Research*, 2011, 14(14):252 - 271.

[60]Brodie, R. J., A. Ilic, B. Juric. Consumer Engagement in a Virtual Brand Community: An Exploratory Analysis [J]. *Journal of Business Research*, 2013, 66(1):105 - 114.

[61]Brody. Institutionalized Sport as Quasi - Religion [J]. *Journal of Sport and Social Issues*,1979, 3: 17.

[62] Calder, B., Tybout, A. M. What Consumer Research Is? [J]. *Journal of Consumer Research*, 1987, 14(1): 136 - 140.

[63]Campbell, H. A., Antonio C., L. Pastina. How the iphone became Divine: New Media, Religion and the Intertextual Circulation of Meaning [J]. *New Media & Society*, 2010, 12(7):1191 - 1207.

[64]Carroll, B. A., A. C. Ahuvia. Some Antecedents and Outcomes of Brand Love [J]. *Marketing Letters*, 2006,17:79 - 89.

[65]Celsi, R. L, L. R. Randall, T. W. Leigh. An Exploration of High - Risk Leisure Consumption through Skydiving [J]. *Journal of Consumer Research*, 1993, 20 (6):1 - 23.

[66]Chadha,R., P. *Husband*, *The Cult of the Luxury Brand: Inside Asia's Love Affair With Luxury* [M]. Nicholas Brealey Publishing,2007.

[67]Chaplin, L. N., D. R. John. The Development of Self - Brand Connections in Children and Adolescents [J]. *Journal of Consumer Research*, 2005, 32: 119 - 129.

[68]Chen, T., L. D. Hollebeek. Exploring Positively - Versus Negatively - Valenced Brand Engagement: A Conceptual Model [J]. *Journal of Product & Brand Management*, 2014, 23(1):62 - 74.

[69]Cheung, C. M. K, X. Zheng, M. K. O. Lee. Consumer Engagement Behaviors in Brand Communities of Social Networking Sites[C]. America Confer-

ence on Information Systems. 2012.

[70] Cheung, C. M. K., M. K. O. Lee. What Drives Consumers to Spread Electronic Word of Mouth in Online Consumer – Opinion Platforms [J]. *Decision Support Systems*, 2012, 53(1):218 –225.

[71] Chung, E., F. Farrelly, M. Beverland, P. Quester. Exploring Consumer Fanaticism: A Fresh Perspective on the Concept of Loyalty [C]. ANZMAC Conference Proceedings: Consumer Behavior, 2005: 43 –52.

[72] Clayton, R., J. W. Gladden. The Five Dimensions of Religiosity: Toward Demythologizing a Sacred Artifact [J]. *Journal for the Scientific Study of Religion*, 1974, 13(2):135 –143.

[73] Cornwall, M., S. L. Albrecht, P. H. Cunningham, B. L. Pitcher. The Dimensions of Religiosity: A Conceptual Model with an Empirical Test [J]. *Review of Religious Research*, 1986, 27(3):226 –244.

[74] Chen, R., F. He. Examination of Brand Knowledge, Perceived Risk and Consumers' Intention to Adopt an Online Retailer [J]. *Business Excellence*, 2003, 14(6): 677 –693.

[75] Csikszentmihalyi, M. *Finding Flow: The Psychology of Engagement with Everyday Life* [M]. New York: HarperCollins, 1997:42 –43.

[76] Davidson W. The relationship between sense of community and subjective well – being: A first look [J]. *Journal of Community Psychology*, 1991, 19(3):246 –253.

[77] Decloe, M., A. T. Kaczynski, M. Havitz. Social Participation, Flow and Situational Involvement in Recreational Physical Activity [J]. *Journal of Leisure Research*, 2009, 41(1):73 –90.

[78] DEEGAN, M. J. *The American Ritual Tapestry: Social Rules and Cultural Meanings* [M]. Westport CT: Greenwood, 1998.

[79] Derbaix, C., A. Decrop. Colors and Scarves: The Symbolic Consumption of Material Possessions by Soccer Fans [J]. *Advances in Consumer Research*, 2002, 29:511 –518.

[80] Dionisio, P., C. Leal, L. Moutinho. Fandom Affiliation and Tribal Behavior: a Sports Marketing Application [J]. *Qualitative Market Research: An*

International Journal, 2008, 11(1):17 –39.

[81]Durkheim, E. *The Elementary Forms of the Religious Life* [M]. New York: Free Press,1965.

[82]Dwivedi, A. A Higher – Order Model of Consumer Brand Engagement and Its Impact on Loyalty Intentions [J]. *Journal of Retailing & Consumer Services*, 2015, 24:100 –109.

[83]Faulkner, J. E., F. Gordon. Religiosity in 5 – D: An Empirical Analysis [J]. *Social Forces*,1966, 45(2):246 –254.

[84]Fournier, S. Consumers and Their Brands: Developing Relationships Theory in Consumer Research [J]. *Journal of Consumer Research*, 1998, 24(4):343 –373.

[85]France, C., B. Merrilees,D. Miller. An Integrated Model of Customer – Brand Engagement: Drivers and Consequences [J]. *Journal of Brand Management*, 2016, 23(2):119 –136.

[86]Fry, L. W. Toward A Theory of Spiritual Leadership [J]. *The Leadership Quarterly*, 2003, 14(1): 693 –727.

[87]Gambetti, R. C., G. Graffigna, S. Biraghi. The Grounded Theory Approach to Consumer – Brand Engagement:The Practitioner's Standpoint [J]. *International Journal of Market Research*, 2012, 54(5):659 –687.

[88]Gillespie, V. B. *Religious Conversion and Personal Identity: How and Why People Change* [M]. Birmingham: Religious Education Press,1979.

[89]Glock, C. Y. On the Study of Religious Commitment [J]. *Religious Education*,1962, 57: 98 –110.

[90]Glock, C. Y., R. Stark. *American Piety: The Nature of Religious Commitment* [M]. London: Cambrige University Press, 1968.

[91]Granqvist, P. Attachment Theory and Religious Conversions: A Review and a Resolution of the Classic and Contemporary Paradigm Chasm [J]. *Review of Religious Research*, 2003, 45(2):172 –187.

[92]Grzeskowiak, S., M. J. Sirgy, Consumer Well – Being (CWB): The Effects of Self – ImageCongruence, Brand – Community Belongingness, Brand Loyalty, and Consumption Recency[J]. *Applied Research Quality Life*,2007, 2:

289 – 304.

[93] Goulding, C. Grounded Theory, Ethnography and Phenomenology: A Comparative Analysis of Three Qualitative Strategies for Marketing Research [J]. *European Journal of Marketing*, 2007, 39(3/4): 294 – 308.

[94] Hanlon, P. *Primal Branding: Create Zealots for Your Brand, Your Company and Your Future* [M]. Free Press, 2006.

[95] Havitz, M., R. Mannell. Enduring Involvement, Situational Involvement, and Flow in Leisure and Non – Leisure Activities [J]. *Journal of Leisure Research*, 2005, 37(2):152 – 177.

[96] Hirschman, E. C. Humanistic Inquiry in Marketing Research: Philosophy, Method, and Criteria [J]. *Journal of Marketing Research*, 1986, 23(3): 237 – 249.

[97] Hill, P. C., R. W. *Hood. Measures of Religiosity* [M]. Birmingham, Ala.: Religious Education Press, 1999.

[98] Hill, R. P, J. Gaines, R. M. Wilson. Consumer Behavior, Extended – Self and Sacred Consumption: An Alternative Perspective from Our Animal Companions [J]. *Journal of Business Research*, 2008, 61 (5): 553 – 562.

[99] Hood, R. W. J. The Construction and Preliminary Validation of a Measure ofReported Mystical Experience [J]. *Journal for the ScientificStudy of Religion*, 1975, 14:29 – 41.

[100] Holbrook, M. B. What is Consumer Research? [J]. *Journal of Consumer Research*, 1987, 14(1): 128 – 132.

[101] Holbrook, M. B., J. OShaughnessy. On the Scientific Status of Consumer Research and the Need for an Interpretive Approach to Studying Consumption Behavior [J]. *Journal of Consumer Research*, 1988, 15(3): 398 – 402.

[102] Holland, J, S. M. Baker. Customer Participation in Creating Site Brand Loyalty [J]. *Journal of Interactive Marketing*, 2001, 15(4):34 – 45.

[103] Hollebeek, L. D, M. S. Glynn, R. J. Brodie. Consumer Brand Engagement in Social Media: Conceptualization, Scale Development and Validation [J]. *Journal of Interactive Marketing*, 2014, 28(2):149 – 165.

[104] Hollebeek, L D. Exploring Customer Brand Engagement: Definition

and Themes[J]. *Journal of Strategic Marketing*, 2011a, 19(7):555 – 573.

[105]Hollebeek, L. D. Demystifying Customer Brand Engagement: Exploring The Loyalty Nexus[J]. *Journal of Marketing Management*, 2011b, 27(7 – 8):785 – 807.

[106]Hollebeek, L. D, T. Chen. Exploring Positively – Versus Negatively – Valenced Brand Engagement: A Conceptual Model [J]. *Journal of Product & Brand Management*, 2014, 23(1):62 – 74.

[107]Holt, D. B. What Becomes An Icon Most? [J]. *Harvard Business Review*, 2003, 3: 43 – 49.

[108]Hudson, L. A., J. L. Ozanne. Alternative Ways of Seeking Knowledge in Consumer Research [J]. *Journal of Consumer Research*, 1988, 14(4): 508 – 521.

[109]Hunt, S. D. Positivism and Paradigm Dominance in Consumer Research: Toward Critical Pluralism and Rapprochement [J]. *Journal of Consumer Research*, 1991, 18(1): 32 – 44.

[110]Jacoby, J. Consumer Research: A State of the Art Review[J]. *Journal of Marketing*, 1978, 42(2): 87 – 96.

[111]Jayasingh, S., R. Venkatesh. Determinants of Customer Brand Engagement in Social Media Sites: A Conceptual Framework [J]. *International Business Management*, 2016,10: 2802 – 2807.

[112]Jee, J., W. N. Lee. Antecedents and Consequences of Perceived Interactivity[J]. *Journal of Interactive Advertising*, 2013, 3(1):34 – 45.

[113]Jong, G. F., J. E. Faulkner, R. H. Warland. Dimensions of Religiosity Reconsidered: Evidence from a Cross – Cultural Study [J]. *Social Forces*, 1976, 54(4): 866 – 889.

[114]Jun, J. H, G. T. Kyle, S. P. Vlachopoulos. Reassessing the Structure of Enduring Leisure Involvement [J]. *Leisure Sciences*, 2012, 34(1):1 – 18.

[115]Kahney, L. *The Cult of Mac* [M]. San Francisco: No Starch Press, 2006.

[116]Kale,S. Consumer Spirituality and Marketing [J]. *Asia – Pacific Advances in Consumer Research*, 2006, 7(1):108 – 110.

[117]Kang, H. K, H. Cho, H. Choi. Mediation Analysis of Time Perspectives, Enduring Involvement, and Flow[C]. Houston: NRPA Leisure Research Symposium, 2013.

[118]Kniazeva, M., R. W. Belk. Packaging as a Vehicle for Mythologizing the Brand [J]. *Consumption, Markets and Culture*, 2007. 10(1):51 –69.

[119]Kozinets, R. V. The Field behind the Screen: Using Netnography for Marketing Research in Online Communities [J]. *Journal of Marketing Research*, 2002, 39(1): 61 –72.

[120]Kozinets, R. V. "I Want To Believe": A Netnography of The X – Philes'Subculture of Consumption [J]. *Advances in Consumer Research*, 1997, 24: 470 –475.

[121] Kozinets, R. V. Utopian Enterprise: Articulating the Meanings of Star Trek's Culture of Consumption [J]. *Journal of Consumer Research*, 2001, 28: 67 –88.

[122] Kozinets, R. V. *Netnography: Doing Ethnographic Research Online* [M]. Thousand Oaks: SAGE Pub, 2010.

[123]Labrecque, L I. Fostering Consumer – Brand Relationships in Social Media Environments: The Role of Parasocial Interaction [J]. *Journal of Interactive Marketing*, 2014, 28(2):134 –148.

[124]Lee, W. N. Antecedents and Consequences of Perceived Interactivity [J]. *Journal of Interactive Advertising*, 2013, 3(1):34 –45.

[125]Leckie, C, M. W. Nyadzayo, L. W. Johnson. Antecedents of Consumer Brand Engagement and Brand Loyalty [J]. *Journal of Marketing Management*, 2016:1 –21.

[126]Levi, D., S. Kocher. Perception of Sacredness at Heritage Religious Sites [J]. *Environment and Behavior*, 2013, 45(7):912 –930.

[127]Liu, C. H, P. J. Robertson. Spirituality in the Workplace: Theory and Measurement [J]. *Journal of Management Inquiry*, 2011, 20(2):35 –50.

[128]Lynn, Q. K. Sacred Sport: A Study of Student Athletes'Sanctification of Sport [D]. Bowling Green State University, 2008.

[129]Lutz, R. J. Positivism, Naturalism and Pluralism in Consumer Research:

Paradigms in Paradise [J]. *Advances in Consumer Researh*, 1989, 16:1 –8.

[130]MacInnis, D. J. , V. S. Folkes. The Disciplinary Status of Consumer Behavior: A Sociology of Science Perspective on Key Controversies [J]. *Journal of Consumer Research*, 2010, 36(6): 899 –914.

[131]McAlexander, J. H. , J. W. Schouten, H. F. Koening, Building Brand Community[J]. *Journal of Marketing*, 2002, 66(1):38 –54.

[132]McCutcheon, L. E. , R. Lange, J. Houran, Conceptualization and Measurement of Celebrity Worship [J]. *British Journal of Psychology*,2002, 93(1): 67 –87.

[133]Mcginnis, L. P. , J. W. Gentry, T. Gao. Antecedents to Consumer Perceptions of Sacredness in Extended Service Experiences: The Case of Golf [J]. *Journal of Service Research*, 2012, 15(4):474 –488.

[134]Mollen, A. , H. Wilson. Engagement, Telepresence and Interactivity in Online Consumer Experience: Reconciling Scholastic and Managerial Perspectives [J]. *Journal of Business Research*, 2010, 63(9 –10):919 –925.

[135]Muniz, A. M. , H. J. Schau. Religiosity in the Abandoned Apple Newton Brand Community [J]. *Journal of Consumer Research*, 2005. 31(3):737 –747.

[136]Muniz, A. M. , T. C. O'Guinn. Brand Community [J]. *Journal of Consumer Research*, 2001. 27(4):412 –33.

[137]Oliver, R. L. , Whence Consumer Loyalty? [J]. *Journal of Marketing*, 1999, 63: 33 –44.

[138]Park, C. W. , D. J. Macinnis, J. Priester. Beyond Attitudes: Attachment and Consumer Behavior [J]. *Seoul Journal of Business*, 2006. 12(2): 3 –35.

[139]Pimentel, R. W. , K. E. Reynolds. A Model for Consumer Devotion: Affective Commitment with Proactive Sustaining Behaviors [J]. *Academy of Marketing Science Review*, 2004, 5:1 –45.

[140]Preacher, K. J. , A. F. Hayes. Addressing Moderated Mediation Hypotheses: Theory, Methods and Prescription [J]. *Multivariate Behavior Research*, 2007, 42(1):185 –227.

[141]Ragas, M. W., B. J. Bueno. *The Power of Cult Branding: How 9 Magnetic Brands Turned Customers into Loyal Followers (And Yours Can, Too!)* [M]. New York: Crown Business. 2002.

[142]Rinallo, M. Conversations on the Sacred and Spirituality in Consumer Behavior [J]. *Advances in Consumer Research*, 2008, 40(2): 1095.

[143]Podsakoff, P., S. Mackenzie, J. Lee, N. Podsakoff. Common Method Biases In Behavioral Research: A Critical Review Of The Literature And Recommended Remedies [J]. *Journal of Applied Psychology*, 2003, 88(5):879 –903.

[144]Rosenbaum, M. S., A. L. Ostrom, R. Kuntze, Loyalty Programs and a Sense of Community [J]. *Journal of Services Marketing*, 2005,19(4): 222 –233.

[145]Rubio – Hernández, M. Sports Players: The Heroes of the Mediated Sacred Sphere [J]. *Journal of Communication Studies*, 2012, 4(8):20 –56.

[146]Schau, H. J., A. M. Muniz. A Tale of Tales: The Apple Newton Narratives [J]. *Journal of Strategic Marketing*, 2006(14)19 –33.

[147] Shachar, R., T. Erdem, K. M. Cutright, G. J. Fitzsimons. Brands: The Opiate of the Nonreligious Masses? [J]. *Marketing Science*, 2011, 30(1):92 –110.

[148]Shilling, C., P. Mellor. Re – Conceptualizing Sport as a Sacred Phenomenon [J]. *Sociology of Sport Journal*, 2014, 31(3):349 –376.

[149] KamFung, S., C. King, B. Sparks. Customer Engagement with Tourism Brands: Scale Development and Validation. [J]. *Journal of Hospitality & Tourism Research*, 2012(38):304 –329.

[150]Spiggle, S. Analysis and Interpretation of Qualitative Data in Consumer Research [J]. *Journal of Consumer Research*, 1994,21(3): 491 –503.

[151]Spinda, J. S. W., A. C. Earnheardt, L. W. Hugenberg. Checkered Flags and Mediated Friendships: Parasocial Interaction among NASCAR Fans. [J]. *Journal of Sports Media*, 2009, 4(2):31 –55.

[152]Sun, T. Antecedents and Consequences of Parasocial Interaction with Sport Athletes and Identification with Sport Teams [J]. *Journal of Sport Behavior*, 2010(1):194 –217.

[153]Thompson, C. J. Interpreting Consumers: A Hermeneutical Framework for Deriving Marketing Insights from the Texts of Consumers' Consumption Stories[J]. *Journal of Marketing Research*, 1997, 34(4): 438 -455.

[154]Thompson, C. J. Putting Consumer Experience Back into Consumer Research: The Philosophy and Method of Existential - Phenomenology [J]. *Journal of Consumer Research*, 1989, 16(2): 133 -146.

[155]Thomson, M., D. MacInnis, C. W. Park. The Ties That Bind: The Strength of Consumers' Emotional Attachments to Brands [J]. *Journal of Consumer Psychology*, 2005, 15(1):77 -91.

[156]Torelli, C., C. Y. Chiu, H. T. Keh, N. Amaral. Brand Iconicity: A Shared Reality Perspective [J]. *Advances in Consumer Research*, 2009, 36: 108 -111.

[157]Van, D. J, K. N. Lemon, V. Mittal. Customer Engagement Behavior: Theoretical Foundations and Research Directions[J]. *Journal of Service Research*, 2010, 13(3):253 -266.

[158] Vinerean, S., A. Opreana. Consumer Engagement in Online Settings: Conceptualization and Validation of Measurement Scales[J]. *Expert Journal of Marketing*, 2015, 3(2): 35 -50.

[159]Wells, M. Cult Brands [J]. *Forbes*, 2001, 167(9): 198 -205.

[160]Wu, T, D. Scott, C. Yang. Advanced or Addicted? Exploring the Relationship of Recreation Specialization to Flow Experiences And Online Game Addiction [J]. *Leisure Sciences: An Interdisciplinary Journal*, 2013, 35(3): 203 -217.

[161]Zheng, X., C. M. K. Cheung, M. K. O. Lee. Building Brand Loyalty through User Engagement in Online Brand Communities in Social Networking Sites[J]. *Information Technology & People*, 2015, 28(1):90 -106.

重要术语索引表

C

参与式观察　5

持久参与　3

崇拜型品牌　40

F

范式　5

粉丝　1

粉丝精神性　3

粉丝—品牌关系　2

粉丝社群　1

粉丝神圣感　2

粉丝消费行为　3

粉丝文化　1

G

感知互动　3

顾客契合　82

J

解释学　4

敬畏感　1

L

类社会互动　3

流体验　3

P

品牌崇拜　2

品牌崇敬感　49

品牌契合　2

品牌热诚　49

品牌社群　15

品牌社区契合　82

品牌神圣化　33

品牌信念　49

品牌信任　36

品牌依恋　3

品牌至爱　3

品牌忠诚　3

Q

钦佩感　1

诠释主义　18

R

人种志　5

S

社交媒体中的品牌契合　82
社群感　3
深度访谈　28
神圣感　1
实证主义　17

W

网络口碑　3
网络志　3

X

消费者品牌关系　1
消费者热诚　8
消费者文化理论　3

Z

在线品牌契合　2
扎根理论　9
自我品牌关联　35

后　记

《粉丝—品牌关系研究：概念、前因与后果》一书是基于我的博士学位论文和相关研究成果修改整理而成的，相关研究论文已公开发表在《外国经济与管理》《上海体育学院学报》《品牌研究》和《软科学》等国内核心和重要期刊上。我对品牌粉丝现象的关注和研究始于2010年。我当时还是上海财经大学博士研究生，在导师王新新教授的指导下开始收集和阅读国外关于粉丝的理论研究，并在国内较早地将其与品牌管理领域相结合来研究粉丝的消费行为、品牌崇拜以及粉丝的神圣感等问题。这些研究成果是一脉相承的，分别在不同情境下研究了粉丝和品牌之间的关系，故而将它们编纂整理成书。一方面，本书是我对前一阶段研究成果的一个总结；另一方面，也希望本书能为相关领域的学者、营销实践者带来些许启示。由于水平所限，书中的不足和疏漏之处还望读者包涵。未来，我将在消费者行为和品牌管理的研究方面继续开拓进取，努力做出更好的研究成果。

本书在研究和出版过程中，我得到了多方面的指导和帮助，在此需要向他们表达由衷的感谢：

第一，感谢我的博士生导师王新新教授。他凭借自己深厚的理论功底、广阔的理论视野和敏锐的学术嗅觉指导我选择了这一研究方向。他认真、严格、耐心地指导我完成了相关论文的写作，引领我走上了这条学术道路。

第二，感谢相关研究的参与者。在本书一些章节的研究过程中，西北大学企业管理专业硕士研究生王小燕和樊晓婷同学积极参与其中，感谢他们对市场营销的强烈兴趣和对研究工作认真、耐心的投入。

第三，本书属于我主持的国家自然科学青年基金项目、教育部人文社会科学青年基金项目和中国博士后科学基金面上项目的研究成果，感谢这三个基金项目给予的资助，也感谢西北大学双一流建设项目对本书出版的资助。

第四，感谢我所在单位西北大学经济管理学院对博士文库系列专著的大力支持，感谢师博副院长对本书出版工作的指导和帮助，也感谢工商管理系安立仁教授、陈关聚教授、李纯青教授和同事们长期以来的关心和支持！

最后，感谢中国经济出版社贺静老师对本书的审阅以及对出版事宜的大力协助。

刘伟

2019 年 1 月 8 日